LES PARENTS
PARLENT
AUX PARENTS !

LES PARENTS PARLENT AUX PARENTS !

Jessica Cymerman

ALIAS SERIAL MOTHER

Illustration : Ève Grosset

hachette
PRATIQUE

Note de l'éditeur

Les informations réunies dans cet ouvrage peuvent compléter et non remplacer un suivi médical. Les conseils proposés ici ne visent pas à se substituer aux prescriptions d'un médecin.

*Merci à tous les papas et toutes les mamans
qui ont prêté leurs astuces pour cet ouvrage.*

INTRODUCTION

Tous les parents (ou presque) le savent : lorsqu'ils cherchent un conseil pour leur enfant, ils demandent... aux copains !
Parce que, parfois, le livre, daté de 1960, est dépassé, parce que l'astuce du pédiatre n'en n'est pas une, parce que le conseil de la pharmacienne ne fonctionne pas, parce que l'on peut passer quelquefois des heures sur Internet à chercher un remède ou une solution... J'ai voulu réunir des astuces variées de mamans (mais aussi de papas). Des secrets qu'on ne se dit qu'entre parents, des astuces parfois toutes simples, mais qui peuvent guérir, apaiser... Bref, rendre la vie plus cool.

Parce que personne mieux qu'une maman ou un papa ne sait comment faire dormir bébé la nuit, soigner un bobo, résoudre une peine d'amour de niveau maternelle, donner à manger des épinards ou encore demander à un ado de ranger sa chambre, j'ai eu envie de compiler le meilleur des astuces pour donner des idées originales, malignes et rusées.

Ce livre est un livre participatif. Des parents m'ont donné avec joie leurs tuyaux parce que, si l'on se partage les « trucs », on avance et on fait avancer nos enfants.
Mamans, papas, professionnels et personnalités se sont livrés à ce jeu. À vous de le continuer, puisque, à la fin du livre, vous trouverez quelques pages blanches destinées à noter VOS astuces ! Ce livre sera le vôtre au départ puis, plus tard, celui de vos enfants pour qu'eux aussi, lorsqu'ils seront devenus parents, puissent bénéficier de bonnes astuces !

Pour plus de facilité, cet ouvrage est organisé par thèmes. Ainsi, si vous avez besoin d'astuce concernant le moment du repas avec vos enfants, il vous suffit de consulter cette catégorie. Si c'est l'acquisition de l'autonomie qui vous chatouille, idem.

Rappel important

Rien ne remplace un médecin, une belle écoute et de l'amour.

TABLES DES MATIÈRES

CHAPITRE 1

SOIGNER LES BOBOS

Il y a d'abord les bobos de la femme enceinte : la grossesse est un moment compliqué pour le corps, pour l'esprit aussi. On a mal au dos, on a des vergetures, on a envie de vomir, on a pris du poids, on a envie d'aller aux toilettes toutes les deux minutes...

Il y a ensuite l'accouchement et les suites d'accouchements. Une épisiotomie, une césarienne, un corps qui est fatigué.

Puis l'allaitement qui n'est évidemment pas un bobo mais qui peut être tantôt difficile et tantôt douloureux s'il a lieu, qui peut être formidable, mais compliqué aussi.

Après il y a LEURS bobos. Parfois une égratignure, parfois un mal de ventre ou de tête qui ne passe pas, une envie de vomir ou une fièvre qui grimpe vite, etc.

Les enfants ne sont pas tous faits sur le même modèle. Il y a les douillets, les costauds, ceux qui pleurent vite, ceux qui serrent les dents, ceux qui se plaignent pour rien, ceux qui font un peu de cinoche, ceux qui ont mal au ventre le jour de l'interro, ceux qui sont angoissés dès que leur gorge est rouge, ceux qui vont se renseigner sur Doctissimo® tout seuls, ceux qui raffolent du Doliprane® et s'invente des maux pour en prendre, ceux qui croient que rien ne peut leur faire mal, ceux qui sont sensibles au soleil, ceux qui sont allergiques au lait, aux araignées et aux cacahuètes, ceux qui ont mal dès que leurs parents ont mal, ceux qui pensent mourir lorsqu'ils voient du sang, ceux qui se cassent tout le temps un truc... Bref, il y a autant de bobos que d'enfants. Pour eux tous, on peut aller voir le pédiatre, donner des médicaments, et faire des câlins aussi pour apaiser une douleur ; puis, il y a des petites astuces, des trucs à savoir et à connaître.

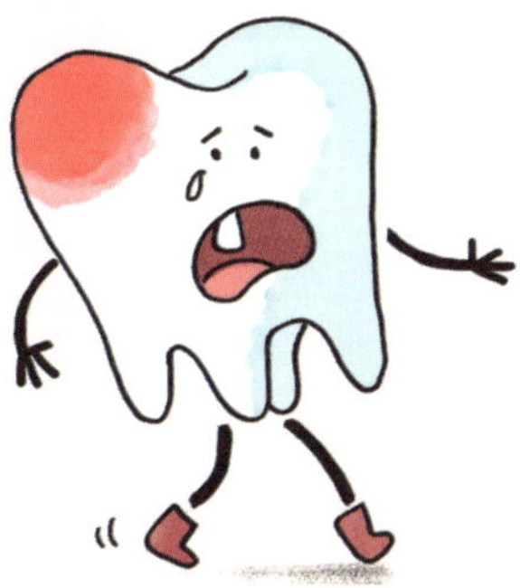

Pour éviter les nausées pendant la grossesse, prendre son petit déjeuner au lit sans s'être levée. Ça marche !

Julie

J'ai énormément vomi pendant ma grossesse... Pour éviter le problème, je faisais infuser du gingembre, puis je buvais ça superfrais tout au long de la journée !

Sandrine

En cas de remontées acides, quand j'étais enceinte, je buvais un verre de lait. Miraculeusement, ça passait !

Charlotte

Quand j'étais enceinte, **pour soulager les irritations sous la poitrine** qui gonfle, je mettais du déodorant en stick sous chaque sein. Cela évite de transpirer et de coller. Parfait !

Corinne

Contre
les nausées,
appuyez sur le point d'acupuncture à l'intérieur du poignet, respirez votre propre parfum sur une écharpe ou un vêtement, buvez un verre d'eau bien froide, faites 10 respirations ventrales le plus lentement possible.

Tessa

Pour éviter les vergetures de grossesse, je conseille le palper-rouler délicat du ventre ! À faire dès les premières semaines pour stimuler l'élastine !

Anne-Sophie

On peut mettre du lait maternel pour **« éliminer » les vergetures** ! Plus efficace que toutes les innombrables crèmes qui existent…

Johanna

Du gingembre confit contre **les nausées de grossesse !**

Léna

Enceinte, je me badigeonnais d'huile d'amande douce. Partout. **Idéal pour l'élasticité de la peau et contre les vergetures !**

Paloma

Pour mieux cicatriser de l'épisiotomie, le séchoir (froid) fonctionne très bien.

Julie

Pour les cicatrices, et celle de la césarienne en particulier, appliquez du miel de thym tous les jours pour une bonne cicatrisation.

Céline

Sur la **cicatrice de l'épisiotomie**, utilisez de la teinture mère de *Calendula* diluée avec un peu d'eau, sinon ça pique.

Sandrine

Lorsque l'on vient d'accoucher et que l'on ne veut pas allaiter, **pour soulager les seins douloureux et stopper la montée de lait**, glissez des feuilles de chou dans votre soutien-gorge... La fragrance n'est pas des plus agréables mais ça fonctionne !

Laure

Lorsque vous allaitez et que vous avez un **engorgement**, massez la zone et passez le sein sous l'eau très chaude. Ça fait un peu mal, mais ça aide à désengorger.

Vanina

En cas de crevasse, je prenais une compresse, je mettais quelques gouttes de lait maternel dessus, puis je posais la compresse sur le mamelon. Pour que ça reste humide, je posais ensuite un carré de film alimentaire avant de remettre mon soutien-gorge.

Françoise

Lorsque j'allaitais mon petit dernier, j'ai découvert les coupelles en argent (il y en a partout sur Internet). On les met au bout des seins, sur les **crevasses** et, en deux jours, c'est guéri. Magique ! Je regrette de ne pas avoir connu ça avant !

Marie

Mon fils a été plâtré à la naissance, donc le bain, c'était une fois par semaine à l'hôpital entre deux plâtres. Quand il y avait besoin d'un gros nettoyage entre les deux bains, je protégeais les plâtres avec des préservatifs XXL ! Ça ne fonctionne que les premiers mois, mais ça dépanne bien !

Valérie

Entre deux et huit mois, **mon fils avait des reflux affreux**. Bien sûr, je surélevais sa tête lorsque je le couchais, mais je le changeais aussi avant les repas histoire de ne pas trop le secouer après avoir mangé. Je m'arrangeais aussi pour ne pas trop serrer les couches afin que ça n'appuie pas sur son petit ventre !

Rachel

Ma fille avait des coliques, elle hurlait vraiment beaucoup et on ne savait plus quoi faire. J'ai fini par lui fabriquer une petite bouillotte pas trop chaude que je plaçais sur son ventre. Je faisais chauffer de l'eau dans un petit biberon de 150 ml que je glissais ensuite dans un gant de toilette. Magique !

Candice

En cas de coupure, si je n'ai pas de désinfectant, je mets du citron sur les petits doigts de mes enfants. Ça picote, mais ça nettoie aussi bien.

Anaïs

Si je n'ai pas de thermomètre pour prendre la température de mon bébé, j'utilise mon coude ! Astuce de sioux. Le coude est toujours à la température du corps, même en cas de froid.

Célia

Ma fille se ronge les ongles depuis l'enfance. **Elle a souvent eu des panaris**. La recette qui a toujours fonctionné, c'est le lait chaud et la mie de pain ! Faites tremper le doigt dans le lait, puis appliquez la mie imbibée en cataplasme, sur le panaris pendant 5 minutes ; à renouveler plusieurs fois dans la journée !

Céline

Pour arrêter le hoquet, je leur fais boire de l'eau avec du vinaigre et ça marche immédiatement.

Sabrina

Le sparadrap sur le nombril **contre le mal des transports** ! Astuce étrange, mais qui fonctionne chez nous !

Flo

10 BOBOS QUE TOUS LES ENFANTS AURONT UN JOUR OU L'AUTRE

Parce que ça rassure de savoir que tout le monde a déjà vécu ça, que c'est normal, que ça va passer.

1.

Mal aux dents

Les enfants ne sont pas tous égaux face à ce mal mais, à un moment donné, ça leur fera un peu bobo. L'avantage, c'est que, ensuite, ils auront une dentition de dingue.

2.

La gastro

Depuis l'arrivée du vaccin anti-gastro, il semble que ce mal soit en baisse chez les enfants ; malgré tout, nul n'est à l'abri ! Prévoir des draps et du parfum !

3.

Le nez qui coule

Telle une rivière. C'est normal.

4.

La varicelle

Mieux vaut l'avoir enfant qu'adulte (parole d'une maman qui l'a eue à 33 ans). Avec un peu de chance, il ne se grattera pas.

5.

Mal aux oreilles

Otite, oreille bouchée… Pensez encore à votre meilleur ami, l'oignon ! En effet, couper un oignon en deux et le disposer non loin de l'enfant lorsqu'il dort, réduira sa toux !

6.

Les fesses rouges

C'est le lot de beaucoup de bébés lorsqu'ils font leurs dents, par exemple. Fesses à l'air, crème nourrissante… Courage !

7.

La forte fièvre

Chez l'enfant, la fièvre monte vite. Et redescend vite. Parfois, c'est impressionnant. Pièce aérée et, évidemment, s'il a plus de 40 °C (dès 38,5 °C pour un nourrisson), on voit un médecin !

8.

Mal aux jambes

Beaucoup d'enfants qui grandissent ont mal aux articulations.
C'est normal, mais ça fait mal.
Antalgique et repos feront l'affaire.

9.

Mal au ventre

On ne sait pas bien d'où il vient, mais il est là et gâche la vie de beaucoup d'enfants.
Massages du ventre, bouillotte chaude… Patience.

10.

Les boutons

Oui, un ado a, en général, des boutons. Il faut dédramatiser, lui dire que vous aussi en avez eus, que c'est normal, et puis, si c'est vraiment la cata, allez voir un dermato.

Mon astuce **pour éradiquer les poux** : versez de la mayonnaise (un pot premier prix) sur les cheveux, enfilez une charlotte pendant une heure, passez le peigne fin et, hop, rincez et shampouinez !

Nadia

Contre les maux de ventre, utilisez du Pastis® ! Versez-en dans le creux de la main, puis massez le ventre en faisant des mouvements circulaires pour le faire un peu chauffer.

Clem

Ma dermato m'a donné un truc de grand-mère pour **faire disparaître les verrues sur un enfant** : faites mariner une écorce de citron pendant deux jours dans du vinaigre blanc, puis posez celle-ci (côté jaune) sur la verrue pendant la nuit, jusqu'à ce que la verrue tombe.

Sybille

Pour faire avaler un médicament à mes enfants réticents, je le mélange, ni vu ni connu, dans une mousse au chocolat. Le goût du chocolat l'emporte sur le goût du médicament !

Joséphine

Les poux, c'est la mort. Testé et approuvé : le masque au henné neutre (vendu en magasin bio) qui gaine les cheveux et empêche les poux de s'accrocher à nouveau. C'est à ce jour le seul remède efficace que j'ai trouvé ! Miraculeux !

Sophie Henrionnet, autrice

Lorsqu'**un de mes enfants est enrhumé**, je place une serviette humide imbibée de fleur d'oranger dans sa chambre. Ça humidifie, ça sent bon et ça dégage les bronches.

Paul

Pour **mettre des gouttes dans les yeux de ma fille en cas de conjonctivite**, comme elle bouge beaucoup, je la mets dans une serviette en mode emmaillotage. Elle ne bouge plus, et hop !

Nina

Lorsque mon bébé se fait une **égratignure**, je lui mets du miel pour **cicatriser**. Cela ne pique pas et, au pire, s'il lèche, ce n'est pas grave !

Karine

Contre les vilaines toux grasses, faites mariner un demi-navet en tranches avec un sucre et de l'eau chaude dans un bocal (type pot de confiture), puis faites boire une pipette toutes les heures à votre enfant... À renouveler jusqu'à disparition des symptômes ! Ça marche aussi pour les aphtes, et les bobos dans la bouche en général, en bains de bouche.

Carine

SAVOIR RECONNAÎTRE UN ENFANT QUI SIMULE POUR NE PAS ALLER À L'ÉCOLE

On a tous été des enfants, on a tous fait semblant d'être malades pour sécher les cours, l'interrogation ou la récitation de la poésie. On a tous mis notre thermomètre contre la lampe de chevet pour voir le mercure monter. Mais il n'y plus de thermomètre au mercure, alors... Comment piéger un enfant qui simule en 10 points !

1.

« Ah, tu es malade ? Dommage la télévision est en panne. »

Comme par hasard, il ira mieux.

2.

« Ah, tu es malade ? Pas grave, je vais demander à ta maîtresse de m'envoyer le contrôle par mail et je vais te le faire faire. »

Comme par hasard, il ira mieux.

3.

« Ah, tu es malade ? Bon, OK, prise de sang. »

Comme par hasard, il ira mieux.

4.

« Ah, tu es malade ? Mince... Je vais annuler le concert d'Angèle ce soir alors, je t'avais fait une surprise... »

Comme par hasard, il ira mieux.

5.

**«Ah, tu es malade ?
Je dois aller bosser,
je vais téléphoner
à Pascal le Grand Frère
pour venir te garder.»**

Comme par hasard, il ira mieux.

6.

**«Ah, tu as TRÈS mal au ventre ?
OK, on va programmer une
opération de l'appendicite
en urgence.»**

Comme par hasard, il ira mieux.

7.

**«Ah, tu es malade ?
OK, je ferme les volets,
je prends ton téléphone
et dodo.»**

Comme par hasard, il ira mieux.

8.

**«Ah, tu es malade ?
OK, vite une soupe
aux navets bien chaude.»**

Comme par hasard, il ira mieux.

9.

**«Ah, tu as mal partout ?
Bon, alors on va devoir
tout enlever.»**

Comme par hasard, il ira mieux.

10.

**«Ah, tu es malade ?
Tu as de la fièvre…
OK, thermomètre.»**

Comme par hasard, il ira mieux.

Lorsqu'ils sont enrhumés et ont des difficultés à respirer, emmenez votre enfant dans la salle de bains, fermez porte et fenêtres, puis faites couler un bain bien chaud. Les vapeurs d'eau aideront à la respiration. Un inhalateur maison en somme !

Phoebe

Lorsque mon fils est enrhumé, tousse, ou a le nez qui coule, je découpe un oignon en deux et je le pose près de son lit. C'est radical, la toux est stoppée net et on passe tous une bonne nuit !

Jessica

Je mouche mes nourrissons en les mettant en position allongée sur le ventre. De cette façon, ils sont obligés de tourner la tête pour reprendre leur respiration et, là, « tout » sort !

Paola

Pour éviter que mon fils ne se gratte lorsqu'un moustique ou des orties le piquent, je mets des glaçons dans un linge, puis je le dépose sur les piqûres. Le froid endort la douleur et apaise.

Lydia

Voici ma **recette du sirop contre la toux maison** : épluchez et émincez un oignon, recouvrez de miel, puis laissez macérer une nuit au réfrigérateur. Extrayez le jus et buvez. Ça pue, mais c'est efficace !

Laure

Mon fils n'arrivait pas à se moucher, il ne comprenait pas comment faire. J'ai allumé une bougie et je lui ai demandé de fermer la bouche et d'éteindre la flamme avec son nez… Ça a marché ! Du jour au lendemain, il savait souffler par le nez pour se moucher.

Adeline

Lorsque mon fils faisait ses dents, j'ai remarqué que lui donner un bain tiède lui faisait du bien. Ça l'apaisait, juste avant le coucher.

Lia

En cas de poussées dentaires, je mets de la camomille en eau florale sur une petite compresse, et je la pose sur la gencive douloureuse, 2 à 3 fois par jour pendant 4 à 5 jours.

Carole

En cas de petit bobo, on le prend et on le jette loin, très loin au pays de bobos, en lui disant : « Au revoir bobo, ne reviens jamais. » Et puis hop, on passe à autre chose.

Jessica

Pour les petits bobos, la première question que je pose toujours à mes enfants : est-ce que ça t'empêche de continuer à jouer ? Si oui, on regarde de plus près, sinon, le bobo est parti tout seul donc on peut se remettre à jouer tout de suite.

Estelle

J'ai raconté à mes enfants qu'à l'hôpital où je travaille (je suis sage-femme), il y a des fées au sous-sol... Si on les connaît bien, on peut les rencontrer et elles nous font de la **crème spéciale qui soigne les petits bobos**. Je prends une crème pour les mains, je leur en mets, et le tour est joué !

Sandrine

Le lait maternel est magique **en cas de conjonctivite**.

Johanna

Ma fille a eu un début d'**orgelet à un œil**. Ma collègue m'a dit de mettre de l'or dessus, j'ai posé mon alliance dessus environ 2 à 3 fois par jour, et l'orgelet a dégonflé : en deux jours, elle n'avait plus rien !

Daisy

Contre les fesses rouges : lavage à l'eau, séchage doux en tapotant, puis une bonne dose d'argile blanche avant de refermer la couche. L'argile aseptise, désinfecte et assèche... Mes enfants sont grands maintenant et me demandent encore de l'argile à chaque fois que ça gratouille. Sans aucun danger pour les muqueuses.

Joana

Une astuce de mon ancien pédiatre qui marche du tonnerre **contre les fesses rouges** : laver au savon, sécher et prendre un sachet de Smecta® avec une goutte seulement d'eau pour former une pâte ! Mettre 2 à 3 fois par jour sur les fesses.

Natacha

J'ai rebaptisé l'alcool à 70° le « Pique pas », et le Mercurochrome® le « Pique pas non plus ». Ainsi, jusqu'à ce que ma fille apprenne à lire, quand j'arrivais avec ces deux produits **suite à un bobo**, au début, elle hurlait de peur et je lui disais : « Regarde, tu n'auras pas mal c'est du "Pique pas", c'est écrit dessus et l'autre pareil, c'est du "Pique pas non plus". »

Delphine

L'argile verte en pâte sur les **boutons de varicelle**. Magique ! Cela cicatrise vite et ça évite à l'enfant de se gratter.

Gladys

En cas de **coups de soleil**, au lieu de mettre de la crème, je mets sur la peau de mes enfants du... yaourt blanc bien frais ! Ça apaise, ça cicatrice et ça nourrit la peau !

Jacques

Pour les bébés qui ont des **reflux gastriques**, au lieu d'acheter un plan incliné, mettez un livre ou un oreiller sous le matelas.

Edwige

Après un vaccin, les enfants ont parfois mal autour de la zone de la piqûre. Je mets une compresse d'eau tiède à cet endroit. Cela soulage bien !

Céline

Dans l'avion, **mon fils de 18 mois a souvent très mal aux oreilles lors du décollage ou de l'atterrissage**. Je lui donne un Carambar® qu'il mâchouille (sans risque de s'étouffer, puisque c'est mou et grand).

Marie

Ma fille saigne souvent du nez. Au début, j'avais le mauvais réflexe de lui dire de mettre sa tête en arrière, jusqu'à ce qu'une amie me donne cette astuce géniale : pour stopper un saignement de nez, je presse un citron sur un bout de coton que je mets dans la narine qui saigne. Le citron a des vertus antiseptiques ! Et, évidemment, tête en avant.

Laurence

Lorsque mes enfants tombaient et saignaient un peu, je plaçais un sachet de thé vert sur la plaie. Les tanins contenus dans le thé vert font coaguler le sang et l'écorchure cicatrice plus vite !

Fabienne

Pour enlever les échardes récalcitrantes, je mets d'abord le pied ou la main dans un bain tiède pour ramollir la peau et enlever celles-ci plus facilement. Si jamais ça ne marche pas, je mets de l'argile verte en pâte sur la zone incriminée. L'écharde sort… comme par magie !

Sarah

Pour enlever un pansement sans que ce doit un drame, je mets de la vaseline dessus au moment de l'enlever. Ça glisse tout seul !

Sonia

Mon fils n'arrêtait pas de se mettre des échardes lorsqu'il faisait du 4 pattes. On ne s'en sortait pas. Alors, on m'a filé une astuce qui marche. Le soir, avant de le coucher, j'ai mis un morceau de banane sur ses échardes (ça marche aussi avec de la pomme de terre) entouré de sparadrap. Le lendemain matin, les échardes s'étaient déplacées dans le morceau de banane ! Véridique !

Manon

Une fois, **mon fils a eu une bosse et surtout des bleus partout sur le front**. Il avait peur de lui-même ! Alors bleu pour bleu, je lui ai peint son visage en bleu avec du maquillage et le mien aussi et on a joué au village des Schtroumpfs. Cela l'a bien fait rire et ça a dédramatisé le tout !

Fabien

Lorsqu'elle était bébé, ma fille avait des otites qui la faisaient hurler de douleur. En attendant que les médicaments fassent effet, il fallait trouver quelque chose pour l'apaiser... Après avoir (à peu près) tout essayé, on a trouvé une chose qui fonctionnait... Demis Roussos (!). Oui. Demis calme les enfants (c'est scientifiquement prouvé... par nous...). Notre fille s'arrêtait immédiatement de pleurer... Avec une mention spéciale pour la chanson des Aphrodite Child (celle qui fonctionnait le mieux) : It's Five O'Clock !

Lætitia Colombani, autrice

10 FAÇONS D'OCCUPER UN ENFANT MALADE

Il y a des moments, des mois, des saisons comme ça... gastro, grippe, rhume, angine... tout y passe. Le souci, c'est qu'avec plusieurs enfants, forcément, on n'est jamais tranquille en hiver ! Les deux premiers jours, on est patients, présents. Mais après... cela devient usant, et comme l'enfant est tout chafouin, on est limité. Comment diable l'occuper quand, au bout de 4 jours, il erre ?

1.

Le dodo (évidemment)

Dans le lit de papa/maman, parce que dans le lit de papa/maman, c'est toujours plus cool.

2.

Un petit Dévédé

3.

Une séance de dessin/peinture, s'il a la force...

Mais en général, s'il est vraiment malade, ça ne dure pas.

4.

Des lectures en boucle

5.

Un autre Dévédé, tiens.

6.

Une petite sieste ?

Ça faisait longtemps !

7.

Un Dévédé tiens, tiens…

8.

Un conte lu et raconté par un(e) acteur(trice)

9.

Une séance de câlins (mais gare aux miasmes)

10.

Un Dévédé (ah, on me dit que ce n'est pas raisonnable…)

CHAPITRE 2

SE METTRE À TABLE (ET Y RESTER !)

Enseigner à ses enfants à manger de tout, à l'heure du repas, en tenant bien ses couverts en main, peut être un vrai casse-tête.

Qu'il s'agisse du nourrisson qui boit son premier biberon, du bébé qui découvre la nourriture solide, du jeune enfant qui fait une crise de nerfs à la vue de légumes verts, de l'adolescent qui ne veut manger que des frites et boire du Coca-Cola®, de celui qui veut bien manger de tout mais seulement avec du ketchup, de l'autre qui ne veut rien manger, les repas peuvent devenir des véritables épreuves tant pour les parents... que pour les enfants.

Combien d'entre nous ont perdu patience au moment où il faut faire manger des brocolis ou des fraises aux enfants (curieusement les frites, ça passe mieux) ? Combien répètent en boucle que leur petit ne mange rien et surtout rien de sain ? Combien doivent hurler « À TAAAAAABLE ! » 42 fois avant que leurs enfants daignent venir s'asseoir avant de râler et de sortir un « C'est pas bon » ? Combien se cassent la tête, car un enfant aime les carottes crues, l'autre les carottes râpées, le troisième les carottes cuites et le dernier rien du tout ? (On passera sur la purée de carotte, le carrot-cake, les chips à la carotte, la glace à la carotte et la phobie de la couleur orange.)

Voici quelques astuces qui, je l'espère, rendront vos repas de famille doux et délicieux !

Quand j'appelle « À table ! », la troisième fois, je m'installe et je dîne. Les enfants prennent le repas là où j'en suis. Si c'est fini, c'est fini... Les premières fois, ça heurte un peu, mais ils comprennent vite ! Ça m'évite de m'énerver et ça me fait rire, même s'ils crient.

Michèle

Pas envie de manger de légumes ? Je prends des galettes salées et je cache tout dedans (les légumes surtout).

Sophie

Je le mets à la cantine. **J'ai découvert qu'il mange de tout là-bas !** Alors, bon...

Stéphanie

Pour que la bonne dose de lait soit toujours prête, quand j'allaite, j'achète des bacs à glaçons contenance 30 ml pour 1 glaçon. Quand le lait est tiré, je le verse dans le bac de glaçons et, après, il suffit de sortir le nombre de glaçons dont j'ai besoin ! Si l'enfant prend 90 ml, j'en sors 3, pour 120 ml, 4, etc. Du coup, pas de gaspillage ! Il suffit de connaître ses tables de multiplication !

Céline

Pour faire manger des légumes avec plaisir, rien de tel que le gâteau de Schtroumpf que je fabrique (en fait, c'est du flan aux brocolis et au colorant alimentaire naturel bleu).

Pauline

J'ai remarqué que, lorsqu'ils ont fait une activité sportive ou pris un grand bol d'air avant le repas, ils ont non seulement faim, mais **ils ont moins la bougeotte et restent à table tranquillement**.

Marianne

Quand il fait chaud et que je veux donner une glace à mon fils de 2 ans, je congèle de la compote mélangée à un peu d'eau dans des bacs à glaçons (pour que ce ne soit pas de grandes glaces), je plante un bâton et hop ! C'est moins sucré que les glaces du commerce.

Line

Pour fabriquer des glaces pour les plus jeunes, je plante une petite cuillère dans un miniyaourt, je le place au congélateur, et hop ! Y'a plus qu'à tirer sur la cuillère qui sert de bâton !

Julia

Quand il n'aime pas les légumes, proposez-lui un choix limité : "Tu veux des brocolis ou des haricots verts ?" Comme ça, on fait croire à l'enfant qu'il a effectivement le choix...

Ève Aboucaya, coach et formatrice spécialisée en parentalité et communication positive, fondatrice de Positiv'Up

Pour faire manger des légumes à mon fils, 5 ans, on lui dit que ça fait pousser les muscles. À l'inverse, tous les bonbons et les gâteaux industriels les font dégonfler. Du coup, chaque jour, il vérifie si ses muscles ont gonflé et s'il sera bientôt aussi costaud que papa !

Wahoo

Pour rendre le repas plus fun et plus facile, je lui dis que chaque aliment est une pièce de la maison. Il mange sa chambre, il mange la salle de bains, etc. C'est rigolo !

Éva

Pour mes enfants, réticents à l'idée de manger des légumes, je prépare ceux de la comptine qu'ils connaissent par cœur. Ils sont super contents d'associer les légumes à la chanson. Et le chou-fleur passe tout seul !

« Tous les légumes
Au clair de lune
Étaient en train de s'amuser.
Les cornichons tournaient en rond,
Les artichauts faisaient des sauts,
Les céleris valsaient sans bruit,
Et les choux-fleurs se dandinaient avec ardeur... »

Arnaud

15 PHRASES QU'ON DIT À NOS ENFANTS POUR QU'ILS MANGENT !

Beaucoup d'enfants n'ont pas faim, ne veulent pas manger ou trouvent que ça n'a pas l'air bon avant même d'avoir goûté. Beaucoup de parents sont inquiets, voire désespérés. Voici 15 astuces parfois sérieuses, parfois rigolotes, pour dédramatiser.

1.

Allez, steuuuuuup.

2.

Ça fait grandir.

3.

Ça rend aimable.

4.

C'est un truc tellement bon que tu ne vas pas t'en remettre.

5.

C'est un brocoli magique. Si tu en manges, tu auras la tête entre les deux oreilles !

6.

Ah, tu n'en veux pas ? OK, très bien. Ne mange pas. Ce n'est pas MON problème.

7.

Et hop, la voituuuure rentre au garage ! Ouvre la bouche, vite, vite !

8.

Nan, alors franchement, tu ne peux pas dire que tu n'aimes pas sans avoir goûté. Moi une fois, j'ai cru que je n'aimais pas le chocolat, et ben j'ai goûté…

9.

J'ai fait une recette… mais alors une recette… Un truc de ouf !

10.

Le pédiatre a dit que, si tu ne manges pas de ça, bah tu seras petit(e) toute ta vie.

11.

OK, tu auras un bonbon si tu manges tes épinards. C'est donnant-donnant.

12.

Je compte jusqu'à 3…

13.

Ton frère a fini, LUI.

14.

Ah, tu n'as pas faim ?! Alors pas de dessert.

15.

Nan, mais tu sais qu'il y a des gens qui meurent de faim ?

Pour leur donner envie de se mettre à table et d'y rester, je les implique dans la préparation du repas (ils vont ajouter du sel, mélanger les œufs…). Ils m'aident aussi à mettre la table avec parfois une jolie serviette ou un dessin sur chaque assiette. Ils se sentent ainsi concernés. J'essaie de faire de chaque repas un moment joyeux.

Franck

Je donne des fourchettes à dessert pour **les enfants qui commencent à manger seuls correctement**. C'est à leur taille et ça « pique » bien !

Aurélie

Quand je dis non à un bonbon ou un gâteau avant le repas, j'essaie toujours d'expliquer pourquoi, puis je ruse en leur proposant un super dessert au chocolat après le repas.

Manon

Quand j'appelle mon petit pour manger… Et qu'il ne veut pas venir… Je fais semblant de voir un chat par la fenêtre (un chien, un hérisson, un écureuil… Bref à chacun son animal) et je m'exclame très fort : « Oh mais qu'est-ce qu'il y a dehors ? Mais c'est un chat/un hérisson/un écureuil !! » L'enfant toujours curieux, rapplique *illico presto*. En revanche, c'est dommage, car, chaque fois, il arrive trop tard pour apercevoir l'animal… !

Lætitia

Mon fils me demande souvent des gâteaux en voyant les publicités à la télé. Comme je fais attention aux friandises qu'il mange (les moins chimiques possible), je lui réponds souvent « Non ». Mais quand je sais que ce sera le non de trop, on passe un deal : « Quand tu arriveras à faire la chorégraphie du garçon dans la pub, je t'en achèterai promis... La dernière fois, il a répété quelque temps en *speed* devant la pub pour finalement me dire : « Si ça se trouve, ils sont dégueux les gâteaux ! »

Amélie

Pour leur faire manger des épinards, on leur a montré des vidéos de Popeye et, pour les protéines, on leur explique que s'ils veulent avoir des muscles et être fort, il faut en manger ! On organise ensuite des combats de bras de fer.

Stazia

Pour garder nos enfants à table, on les fait participer à nos conversations. Il faut qu'ils se sentent impliqués dans la vie de famille. On garde les conversations d'adultes pour plus tard. Et évidemment, en aucun cas, on ne regarde la télé en dînant !

Benjamin

LES 20 MEILLEURES EXCUSES QUE DONNENT LES ENFANTS POUR NE PAS MANGER

Les enfants sont très malins, on le sait. Alors, lorsqu'il s'agit de ne pas vouloir manger, ce sont des champions niveau excuses.

1. **C'est trop chaud.**

2. **C'est pas assez chaud.**

3. **Ça a pas l'air bon.**

4. **J'ai pas faim.**

5. **Ça fait peur.**

6. **Non, merci.**

7. **Beurk !**

8. **À la cantine, ça a l'air meilleur.**

9. **Quand c'est mamie, c'est meilleur.**

10. **Je veux juste du chocolat et du lait.**

11.
Mon poulet touche les brocolis, je peux pas.

12.
Non, je veux des pommes de terre écrasées, pas entières.

13.
Je suis fatigué.

14.
J'ai envie de vomir.

15.
J'ai envie de faire pipi.

16.
Non, y'a des enfants qui meurent de faim, alors je ne mangerai pas, par solidarité.

17.
Tu sais pas faire à manger.

18.
Je suis pas idiot, je sais bien que c'est du poulet et pas un dinosaure.

19.
Si y'a pas de ketchup, je mange pas.

20.
Bon OK, je mange (en le donnant au chien sous la table).

Ça reste un classique **pour les faire manger**, mais, transformer la cuillère en avion ou en voiture qui doit rentrer dans le garage (la bouche), ça marche et c'est rigolo !

Hugo

Pour que mes enfants aient conscience de ce qu'ils mangent et sachent d'où ça vient, je les emmène régulièrement à la cueillette. On cueille des pommes dont on fera des compotes, des légumes dont on fera une ratatouille ou des tomates qu'on mangera en salade ou dont on fera une sauce pour aller avec des nouilles. Ça les amuse terriblement, ça rend la nourriture amusante et les repas faciles. Et un jour, on aura un jardin et on le fera nous-mêmes !

Aude

Pour rendre les repas plus drôles, une fois par semaine, le dîner se transforme en petit déjeuner. Céréales, chocolat chaud, tartines de confiture, œufs brouillés... Ça amuse les enfants, ça facilite la vie des parents et ça donne un côté festif !

Marguerite

On n'a pas de jardin, mais on a tout de même acheté un petit citronnier et un bac avec des herbes. Ça amuse bien mon fils de 3 ans de choisir ses herbes **pour donner du goût aux repas**. Et ensuite... il mange !

Raphaëlle

La règle, chez nous, c'est **pas de téléphone pendant les repas**. Ni nous, ni nos ados. On doit les poser dans un panier à l'entrée de la cuisine et on les récupère après. Si on ne fait pas ça, on ne se parle plus, on a les yeux sur nos écrans et ce n'est plus un repas.

Delphine

Parfois, **je demande à mon fils de 6 ans de choisir ce qu'il veut manger**. Et souvent, je suis étonnée : c'est génial, il réclame des épinards et des haricots verts ! Leur laisser le choix peut être payant.

Jessica

J'essaie de **faire participer mes enfants au menu** une à deux fois par semaine. Ils ont le droit de dire ce qu'ils veulent manger et je le fais dans la mesure du raisonnable. La seule condition ? Il faut toujours un légume. Ils sont super contents, se sentent investis et, pour couronner le tout, ils dessinent le menu de ce qu'ils vont manger.

Estelle

Quand mes enfants étaient petits (moins de 6 ans), je fixais un temps pour rester à table, 15 à 20 minutes maximum. Ils le savaient, on avait mis un réveil. Pendant ces 15 minutes, pas le droit de sortir de table. Après, pas de problème. À cet âge-là, les enfants ne peuvent pas tenir bien plus longtemps attablés. C'est **une astuce pour les faire rester assis et les impliquer dans le repas.**

Kenza

Mes enfants ont découvert le ketchup. À plein d'égards, ça a été magique, car ils avalaient les brocolis sans le savoir. Le souci, c'est qu'ils ne goûtaient pas l'aliment... Au bout d'un moment, j'ai mis moins de ketchup, l'air de rien, subrepticement. Et comme pour les gens qui arrêtent de fumer, ça a fini par marcher. Un jour, ils n'ont pas vu que je n'en n'avais pas mis et ils ont avalé leurs choux de Bruxelles.

Bastien

“Mon astuce pour qu'ils mangent des légumes, c'est de les frire. Les légumes, pas les enfants, hein...”

Serena Giuliano, blogueuse et autrice

Comme ma fille avait la phobie des légumes verts et que ça la rendait dingue de devoir en manger, j'ai écrit une petite histoire de légumes verts qui se passe dans un royaume tout vert. Dans ce pays, les légumes doivent être mangés par Mila (ma fille), sinon ils seront malheureux et perdront leur couleur. Elle m'a aidé à faire les dessins et **ça a déclenché une envie de manger des légumes verts !**

Muriel

Pas envie de manger des haricots verts ? Je dis que ce sont des frites vertes ! Et ça marche !

Antoine

J'organise des repas par couleur. Ainsi, une ou deux fois par semaine, on se fait un repas tout blanc (fromage, pâtes, riz, chou-fleur, glace à la vanille), un repas tout rouge (tomate, viande rouge, fraises, jus de grenadine) ou un repas tout vert (pâtes vertes, brocolis, pommes vertes, kiwis). Ça les éclate totalement !

Anne

10 FAÇONS DE DONNER LE GOÛT DES BONNES CHOSES

Il n'y a pas d'enfants qui n'aiment rien, c'est faux. Ils ont le droit, comme les adultes, d'avoir des goûts, des dégoûts, mais la base de tout, c'est de goûter à tout ! Il n'y a rien d'impossible non plus. Un enfant de 1 an peut adorer le goût du saumon fumé et détester le chocolat... Voici quelques idées pour vous aider à lui donner envie de manger.

1.

L'emmener au marché avec vous et faire de chaque aliment un personnage.

2.

Lui raconter d'où vient la nourriture. Lui expliquer que la vache fait du lait, mais que la chèvre aussi !

3.

Faire de chaque repas une fête.

4.

Ne pas lui parler des enfants qui meurent de faim.

Pour le motiver, il y a mieux.

5.

Dessiner avec lui ce qu'il va manger.

6.

Ne pas le forcer. S'il ne veut pas, il ne mange pas mais, au moins, il goûte.

7.

Faire la cuisine avec lui.

8.

Rendre les aliments attrayants.

Des courgettes seront plus fun si vous les transformez en frites vertes !

9.

Manger plein de trucs devant lui.

Les enfants aiment copier leurs parents.

10.

Ne pas hésiter, parfois, à lui proposer des choses épicées ou exotiques.

Cela ouvre ses sens à des saveurs formidables.

Pour qu'ils se tiennent « bien » à table, j'ai collé une affiche sur le frigo avec les 5 règles à respecter lors des repas. Ça a l'air idiot mais ça marche, ça les impressionne. (Je ne parle la bouche pleine, je ne quitte pas la table sans demander l'autorisation, je goûte à tout, je laisse mon téléphone à l'entrée de la cuisine, je respecte la nourriture !)

Lucas

Pour que tout ne soit pas contrainte et qu'ils apprennent à se tenir bien à table, avant le dîner, on prend 30 secondes pour faire des trucs qu'on n'aura plus le droit de faire durant le repas : mettre les coudes sur la table, regarder son téléphone, etc. Après ces fameuses 30 secondes, on se tient bien le temps du repas !

Johanna

Ça vaut ce que ça vaut, mais j'avais lu une étude qui disait que les enfants (et les adultes) étaient **plus calmes à table** lorsque les aliments étaient à couper. Par exemple, devoir couper sa viande est mieux que de les autoriser à mordre dans la cuisse d'un poulet. Mordre excite. J'ai testé et c'est vrai. Les faire couper en morceaux retient leur attention et les oblige à être un peu calme. À bas les cuisses de poulet !

Candice

Je rajoute de la crème fraîche ou un peu de fromage râpé. Et curieusement, les brocolis écrasés avec un peu de sel et de la crème, **ça passe tout seul et il en redemande même !**

Dinah

Ma technique : je mets une jolie musique de fond pour **apaiser les tensions et rendre le repas plus cool**.

Elsa

J'ai des ados et c'était plus simple de leur faire manger de tout lorsqu'ils étaient petits ! Aujourd'hui, pour les faire manger de presque tout, on dîne avec eux chaque soir et on ne négocie pas. Soit ils mangent ce qu'il y a, soit... ils ne mangent pas ! En général, la faim l'emporte et celui qui prétend haïr le poisson et les betteraves finit par les dévorer !

Muriel

Je propose à mes enfants plutôt que je n'impose. Mais, attention je choisis la proposition. Un soir ce sera « pâtes ou pizza » mais, le lendemain, ce sera « gratin de courgettes ou gratin de chou-fleur. » Idem pour les desserts. Ils auront un soir le choix entre des desserts qu'ils kiffent – mousse au chocolat ou glace –, et, le lendemain, entre une pomme ou des fraises. Attention toutefois, si le plat est celui qu'ils adorent, je donne le choix entre deux desserts moins évidents !

Laure

RUSER EN 10 ÉTAPES

Parfois, les enfants prétendent, sans même avoir goûté, qu'ils n'aiment pas tel ou tel aliment. Nous parents, devons ruser !

1.

Il prétend ne pas aimer le lait.

On le mixe avec de la glace pour faire un milk-shake.

2.

Il prétend ne pas aimer les carottes.

On lui fait un carrot-cake et il va le manger sans même savoir ce qu'il y a dedans.

3.

Il prétend ne pas aimer le fromage (sauf le Kiri®).

On fabrique une sauce au camembert qu'on mélange à des pâtes.

4.

Il prétend ne pas aimer les framboises.

On en met au bout de chacun de nos doigts pour l'amuser.

5.

Il prétend ne pas aimer les champignons.

On fait une omelette aux champignons. Ça passe tout seul.

6.

Il prétend ne pas aimer les courgettes.

On les mixe avec de la sauce tomate, un peu de miel, on fait chauffer le tout et hop !

7.

Il prétend ne pas aimer les œufs.

On lui fait des œufs à la coque avec des mouillettes au beurre salé et on s'amuse à tremper !

8.

Il prétend ne pas aimer les fruits.

On lui fait écouter *Salade de fruit jolie jolie jolie* de Bourvil.

9.

Il prétend ne pas aimer le poisson ?

On lui donne du poisson pané.

10.

Il prétend ne pas aimer les pizzas ?

Hahaaaaa, il a de l'humour !

On adore les émissions culinaires. Une fois de temps en temps, on se fait ce que j'appelle le « concours de bouffe ». Chacun des enfants (les plus petits se mettent par équipe avec les plus grands) dresse une liste de courses, et ensuite chacun cuisine. Puis on goûte les plats des uns et des autres, on invite parfois une grand-mère pour faire office de public et on se met des notes ! **Ça amuse trop les enfants et les grands aussi !**

Marina

30 minutes avant chaque repas (même le matin, quand j'y arrive), je donne un grand verre d'eau à mes enfants. **Cela ouvre leur appétit !**

Fanny

Mon petit dernier a 4 ans et n'a pas super faim à l'heure des repas. Alors, je m'adapte, je préfère lui donner six petits repas où il va manger que trois gros repas où il va par principe ne rien manger ! L'essentiel c'est qu'il mange, non ?

Ava

Jouer, prendre l'air… Cela ouvre l'appétit. Alors, je préfère passer à table 15 minutes plus tard avec un enfant qui a faim et donc le laisser jouer 15 minutes de plus que de me figer sur des horaires façon militaire. Au moins, il aura faim !

Eugénie

J'ai remarqué que **mon enfant, quand il a trop chaud, mange peu**. Alors, je n'hésite pas à ouvrir un peu la fenêtre… L'appétit revient ! Magique !

Denis

J'ai instauré **un rituel qui rassure mon fils de 3 ans**. Avant chaque repas, on se lave les mains ensemble, on se fait un câlin, on chante un peu. Puis on mange, il met l'assiette dans la machine et, hop, le tour est joué !

Géraldine

On va pêcher en été. On cueille nos fruits et nos légumes. On a visité une boulangerie. On est allé au musée du Chocolat. On est allé traire une vache. On a visité une fromagerie. Bref, on est allé voir l'envers du décor **pour que la nourriture leur parle, leur raconte quelque chose, leur donne envie**. C'est important aussi de savoir que le thon ne naît pas en boîte et que le poisson n'est pas que pané !

Boris

On mange aussi avec nos yeux. Il faut rendre le repas joli et attractif pour les enfants. Pas besoin d'être doué(e) mais juste inventif(ive). Des choux-fleurs peuvent devenir des cheveux, des œufs de cailles des yeux, etc.

Sylvie

Avec les crudités, je mets toujours une petite sauce à base de mayonnaise pour que mes enfants y trempent les carottes et les concombres.

Sylvain

J'invente des superpouvoirs aux aliments. C'est magique. Ainsi, les épinards ont le pouvoir de rendre fort, les carottes rendent gentil, le poisson rend intelligent, les courgettes rendent beau, etc. Ils finissent par y croire, et moi aussi !

Camille

Pour l'amuser, il joue à me donner à manger. Une pour moi une pour lui. **Ainsi, il mange bien et se sent investi d'une mission**.

Paola

Une fois par mois on remplace la phrase « Pour bien grandir, mange au moins 5 fruits et légumes par jour » par « Pour bien grossir, mange au moins 5 bonbons et chocolats par jour ».
Et on le fait. Et on s'amuse !

Caroline

Pour que ce ne soit pas le chahut au moment du repas, je les préviens toujours 5 minutes avant que, « dans 5 minutes, on passe à table ». Comme ça, ils se mettent en situation, ils rangent leurs jouets, ils se « préparent » à venir à table. C'est tout bête mais cette mise en bouche les calme. (Parfois, je leur dis même 3 heures avant que, à 19 heures, on passera à table. Les grands regardent leur montre et attendent avec joie ce moment.)

Julie

Je ne prive pas mes enfants de dessert.
Je ne trouve pas que c'est une solution. S'ils mangent peu, je ne vais pas en plus les priver du seul truc qu'ils aiment.

Louisa

10 AVANTAGES À MANGER AVEC LES DOIGTS

La Finger Food, vous connaissez?
C'est le fait de manger avec ses doigts, et les enfants adorent ça!

1.

Pour leur autonomie, c'est top.

Ils se débrouillent tout seuls!

2.

Pour que ce soit plus rigolo, aussi.

3.

Le côté «autorisé» est bien accueilli parce que, normalement, on répète «pas avec les doigts».

4.

Ça évite de devoir laver les couverts.

5.

Le côté animal confère une liberté que les enfants adorent.

6.

Si papa et maman s'y mettent, c'est encore plus drôle.

7.

Ça fait travailler leurs dents !

8.

C'est pas si grave, si ?

9.

Ça force à se laver les mains avant et après !

Donc, c'est encore plus propre finalement.

10.

Ça permet de manger comme un homme de Cro-Magnon et ça, les enfants adorent !

MISSION DE LA NUIT

CHAPITRE 3

SE METTRE AU LIT (ET Y RESTER !)

Dormir. Les parents le savent : enfanter, ça veut dire avoir un sommeil chaotique. Avant d'avoir des enfants, on ne sait pas, on n'imagine pas la torture que peut être celle d'endormir un bébé ou celle de se lever 6 fois par nuit. Parfois pendant 2 mois, parfois pendant 1 an, 2 ans, 3 ans, voire plus ! Entre celui qui confond le jour et la nuit, celui qui a des reflux, celui dont la crise de pleurs de 22 heures va durer jusqu'à 3 heures du matin, celui qui a faim, celui qui a fait dans sa couche, celui qui a fait pipi au lit, celui qui fait des cauchemars, celui qui ne peut pas s'endormir sans un rituel qui prend parfois 2 heures, celui qui se réveille tôt, celui se couche tard, celui qui a peur du loup sous son lit, celui qui n'aime que le lit de ses parents, celui qui râle pour ne pas se coucher, celui qui s'endort vite mais se réveille toutes les heures... Coucher un enfant et dormir 8 heures d'affilée peut s'avérer impossible. L'expression qui dit « dormir comme un bébé » a probablement été inventée par une personne n'ayant jamais eu d'enfants !

Or, le manque de sommeil, ça donne des parents à bout de nerfs, des parents fatigués, désespérés et angoissés.

Ici on vous donne des astuces éprouvées ! Et on vous encourage à ne pas désespérer... Il finira par dormir et ne plus se réveiller avant ses 32 ans !

ANTI LOUPS
FORCE 4
BOîTE À BISOUS
POUDRE FIGE-MONSTRES

En cas de perte de tétine la nuit, j'en mettais plusieurs, fluorescentes ou non, dans le lit de mon fils autour de lui, pour éviter de me lever 20 fois par nuit pour lui redonner. Il se retournait et hop ! Il en avait une à portée de bouche. Ainsi, pas de cris, pas de bébé qui dérange ses parents.

Coralie

Quand la journée a été trop riche en émotions fortes ou que ma fille est trop excitée pour s'endormir, on se met ensemble sur son lit et on fait les petits exercices de respiration. C'est très doux et ça détend beaucoup. Parfois, je m'endors avant elle (un classique)...

Lætitia Colombani, autrice

Faire le bruit de moine zen (le *Mmmmmm*) pour **apaiser un bébé qui pleure**. Au moment de la fameuse crise de la tombée de la nuit, quand bébé est tout petit, ce bruit, cette grosse voix les apaise. Magique !

Julie

Cela va sembler fou, mais **pour endormir mon enfant**, rien n'a jamais aussi bien marché que le sèche-cheveux. C'est un bruit qui l'a toujours apaisé et il s'endormait en 5-10 min maximum ! Même plus tard, vers ses 7-8 ans, les soirs où je me douchais et séchais mes cheveux étaient ceux où il s'endormait le plus vite.

Becca

Pour les nouveau-nés, j'ai testé le bain tard, vers 22-23 heures. C'est magique car ça les apaise et c'est comme ça qu'**ils ont commencé à faire leurs nuits.**

Camille

Pour les amuser ou les motiver à aller se coucher, on fait semblant de faire du pain ! On met de la farine, des œufs, du sel (ou leur fait chatouilles sur le lit). On pétrit la pâte (on les masse). On met le pain à lever (on les met sous la couverture) et on le mange (on les embrasse et on leur souhaite bonne nuit). On revient sortir le pain après 15 minutes (on vient vérifier qu'ils dorment bien).

Lara

Pour coucher facilement mon petit garçon qui avait peur du loup, nous avions conçu un spray anti-loup (un spray vidé de son contenu remplacé par de l'eau) et une jolie étiquette faite main avec la tête du loup. Résultat garanti : plus aucun loup dans la chambre la nuit. Le spray fonctionne aussi avec les monstres !

Isabelle

En cas de cauchemar, on va aux toilettes, on dit à haute voix l'origine du cauchemar et on tire la chasse en disant : « Au revoir le cauchemar. »

Stéphanie

Pour éviter les cauchemars et les peurs nocturnes, je place près de mon enfant une boîte (genre boîte en plastique) avec le couvercle à côté, sous le lit. Tous les cauchemars et autres vilains monstres vont dans la boîte la nuit et, le matin, avec moi ou son papa, il ferme la boîte et jette son contenu à la poubelle !

Isabelle

Contre les cauchemars de mon fils, j'installais chaque nuit, une barrière anti-monstres avec ses peluches tout autour de son lit. Un jour, j'ai eu la surprise de constater que son meilleur ami lui avait dessiné, sur le mur de sa chambre, une barrière anti-loups, avec des feutres de toutes les couleurs.
Elle y est restée des années.

Aimé

Pour les calmer le soir, je mets mon téléphone en mode avion et je lance des berceuses !

Fabrice

10 FAÇONS D'ÊTRE SÛRE QUE VOTRE ENFANT NE DORMIRA JAMAIS BIEN LA NUIT

Si jamais vous avez envie que votre enfant ne dorme JAMAIS, suivez ces conseils (chacun fait les choix qu'il veut, après tout) !

1.

Chauffez sa chambre à 35 °C et emmaillotez-le dans une combinaison pilote en laine polaire. Surtout l'été.

2.

Favorisez le non-rituel du soir : pas d'horaires fixes, pas de berceuses, du bruit, de la clope dans son nez, pas de dîner et jamais de câlins.

3.

Prenez son doudou et, sans prévenir, coupez-le en 12 morceaux, puis vaporisez le parfum de votre voisine du dessus.

4.

Faites-lui croire qu'il est tout seul, que vous sortez et que vous n'avez pas pris de baby-sitter.

5.

Insistez pour le faire dormir pendant la journée.

6.

Placez un mobile en forme de monstres qui diffuse du hard métal à 234 décibels au-dessus de son lit.

7.

Chaque soir, faites-lui croire que vous l'avez trouvé dans une poubelle (ou dans un congélateur).

8.

Répétez en boucle : « Je ne t'aime pas, je ne t'aime pas et, cette nuit, les loups vont venir te dévorer. »

9.

Ne laissez jamais de veilleuse rassurante près de son lit. Vous n'êtes pas actionnaire chez EDF à ce que je sache ?

10.

Greffez une télévision au-dessus de son front.

Si malgré cela l'enfant parvient à sombrer dans un profond sommeil, prenez votre mal en patience et n'hésitez pas à le réveiller brutalement au milieu de la nuit en criant : « C'est la fin du Monde… La fiiiiiin du Moooooonde ! »

Un rituel anti-cauchemars au coucher : j'enlève les mauvais rêves à la main et je remets les jolis souvenirs de la journée en lui appuyant sur le front. Il me le réclame tous les soirs en grande pompe.

Léna

Chaque soir au coucher, après l'histoire, on dit chacun notre tour un petit secret (quelque chose qu'on a trouvé rigolo, qu'on a aimé, qu'on a détesté, qui fait peur, qui rend triste…). Et on peut être étonné de ce qui ressort parfois ! **Cela leur apprend à parler de tout.**

Émilie

Je ne suis pas maman mais belle-maman de deux petits loups, **et pour apprendre à les connaître et créer un lien fort**, au moment du bisou du dodo, je viens avec un gros pinceau de maquillage pour leur caresser le visage, pendant qu'ils me racontent leur journée ou les trucs qu'ils ont en tête. C'est devenu un truc important qu'ils réclament dès qu'ils ont besoin de tendresse ou de complicité.

Gaëlle

Quand mon fils avait 4 ou 5 ans, il faisait beaucoup de cauchemars. Je lui avais fait croire que j'avais **une astuce magique pour que ses cauchemars s'arrêtent pour de bon**, mais que c'était un secret et qu'il ne fallait pas en parler parce que, sinon, ça ne marcherait pas. Je lui demandais de me dire tout ce qui lui faisait peur et j'écrivais les mots en rouge sur une feuille blanche. Ensuite, il devait déchirer la feuille en disant chaque fois qu'il la déchirait « Fini les cauchemars ! » Une fois la feuille déchirée, on mettait les bouts de papier dans un sac de congélation fermé avec un nœud et direction la poubelle ! Ça a marché : ses cauchemars se sont arrêtés !

Alice

Nous avons une « poupée tracas » pour **rassurer mon fils qui n'arrive pas à s'endormir seul**. La sienne est un crayon à papier non taillé avec un personnage au bout.

Karine

Pour endormir et rendormir bébé, j'ai une technique géniale. Je le prends dans mes bras, visage face à moi, je passe ma main au-dessus de son visage du haut vers le bas sans pour autant le toucher. Je fais ça un certain nombre de fois et, en général, il s'endort ou se rendort !

Iris

Quand notre fils a eu sa période de peur des monstres et des fantômes, on lui a dit que les murs de sa chambre étaient recouverts de peinture anti-méchants !

Mélanie

J'ai fabriqué avec mon fils un attrape rêves que l'on a suspendu au-dessus de son lit en lui expliquant que les fils de la toile **arrêtent les cauchemars mais laissent passer les bons rêves** : plus aucun cauchemar du jour au lendemain !

Estelle

En cas de pipi au lit, je place sur les matelas de mes enfants une alèse, puis un drap-housse, puis à nouveau une alèse, puis un drap-housse. Comme ça, en cas d'accident durant la nuit, je n'ai qu'un duo alèse/drap à enlever et j'ai un drap propre au-dessous.

Sandrine

Mon petit dernier s'est longtemps réveillé la nuit et, longtemps, **je ne savais pas comment le rendormir sans que cela dure une heure**. Une amie m'a donné cette astuce et ça marche : j'ai mis une photo de nous (son papa et moi) au-dessus de son lit (sur le plafond) et une autre à côté de lui. Je lui ai expliqué que papa et maman veillent sur lui la nuit et, que s'il se réveille, il lui suffit de nous regarder pour aller mieux et de se rendormir. Radical !

Ludivine

En cas de pipi au lit, pour mes trois premiers enfants, je changeais les draps et donnais une petite douche. Résultat : ça les réveillait totalement et ils mettaient une heure à se rendormir (et nous aussi). Pour le quatrième, j'ai lâché du lest. En cas de pipi au lit, je lui enlevais le pyjama, une petite lingette pour le nettoyer et ensuite on le prenait avec nous dans le lit. Le changement de draps de son lit ainsi que la grande douche attendaient le lendemain. En 3 minutes, c'était plié et, en plus, on avait le petit avec nous en mode câlins !

Iris

QUAND ILS NE VEULENT PAS SE COUCHER…

Chaque parent le sait : coucher un enfant de moins de 24 ans en un temps record de 3 minutes, c'est compliqué.

1.

Souvent, l'enfant râle.

Souvent, l'enfant a curieusement mal au ventre. Pile au moment de se coucher.

2.

Souvent, l'enfant a envie d'un bisou, d'un câlin, d'une histoire.

Souvent, l'enfant a soudainement envie de savoir qui, du Mégalodon ou du Tricératops, est le plus fort.

3.

Souvent, l'enfant, plus grand, a envie de réviser son interro qu'il avait COMPLÈTEMENT oubliée.

4.

Souvent, l'enfant a envie de se mettre dans le lit de ses parents.

5.

Souvent, l'enfant pique une crise de nerfs.

6.

Souvent, l'enfant ne trouve pas son doudou.

7.

Souvent, l'enfant se demande pourquoi donc il faut se coucher alors que le soleil est encore là.

8.

Souvent, lorsque fratrie il y a, le petit ne comprend pas pourquoi le grand se couche plus tard et ajoute : « Ça se fait pas. »

9.

Coucher un ou plusieurs enfants est un véritable tour de force. Pire qu'un match de boxe avec Mike Tyson. Pire qu'une négociation avec Poutine. Je ne vais pas vous rassurer : non, ça ne passe pas avec le temps. Non, avec le temps l'enfant va grandir, va vouloir se coucher plus tard, va vouloir regarder un peu la télé, garder un peu son portable sous sa couette, ne voudra plus lire. Mais ça va, on tient bon et, sur les conseils de Mike Tyson et de Poutine, on ne se laisse pas abattre.

Je racontais à ma fille que **la fée du sommeil passait chaque soir dans sa chambre pour lui verser de la poudre de dodo** (version magique du marchand de sable). Je jetais parfois des paillettes ou des confettis, et ça marchait !

Lydia

Pour éviter que mon fils tombe de son lit, je mettais un long traversin sous le drap-housse. Une chaise ou deux devant le lit font aussi l'affaire.

Dina

Je donne à mon fils de 3 ans, un foulard m'appartenant avec un peu de « mon » odeur. **Ça le rassure la nuit !**

Rebecca

Si mon enfant se réveille la nuit, je vais le voir, je lui chuchote que tout va bien, que le soleil fait dodo et, surtout, je n'ouvre jamais les yeux. **Par mimétisme, il se rendort.**

Juliette

Ça paraît idiot et évident mais, surtout, pensez à coucher un bébé qui a une couche propre et pas remplie de pipi ! **C'est plus confortable pour s'endormir !**

Léa

On m'avait dit de réveiller bébé au milieu de la nuit pour lui changer sa couche, surtout en cas de grosse commission. Je comprends bien le côté odeur et fesses rouges sauf que, à chaque fois que je l'ai fait, j'ai mis 2 heures à le rendormir... Au bout de 2 mois, une amie m'a dit de le laisser comme cela... J'ai trouvé ça un peu dégoûtant, mais j'ai tenté. **Il a bien dormi et moi aussi !**

Hélène

Pour endormir bébé, rien de tel que le portage le soir. Ça permet de la rassurer, de l'apaiser, de l'endormir et d'avoir les mains et la tête libres pour faire autre chose. Attention toutefois au mal de dos. Personnellement, je suis pour le portage en écharpe, plus confortable pour bébé. Une fois qu'on a pigé comment la mettre, plus de soucis !

Aude

10 FAÇONS AFFREUSES DE SE FAIRE RÉVEILLER

Non seulement il ne dort pas la nuit mais quand, enfin, par un heureux hasard, il s'effondre de sommeil, il ose vous réveiller violemment à une heure invraisemblable. Cette fois, c'est sûr, l'ennemi est parmi nous.

1.

Le coup de la flûte : alors que vous dormez profondément, l'enfant ramène un orchestre de chambre à 5 h 45 dans vos oreilles et souffle dans sa flûte à bec à vous en briser les tympans. Solution : la flûte termine à la poubelle, l'enfant au coin (ou serait-ce le contraire ?).

2.

Les pleurs de bébé à 1 h 00, puis 1 h 22, puis 3 h 45, puis 5 h 02, puis 6 h 04, puis enfin 7 h 00. Solution : la sourde oreille.

3.

Le cri strident de junior « Mamaaaaaaaaaaaaaan/ Papaaaaaaaaaa, j'ai fait cacaaaaaaaaaaaaaaaaaaaa ! » Super nouvelle. À 6 h 12, je suis ravie d'être réveillée ainsi. Solution : le laisser (dans sa merde).

4.

L'enfant qui se tape l'incruste dans VOTRE lit à 3 heures du matin (ou, pire, à 23 h 30, alors que vous envisagiez une séance de sexe...). Solution : la honte et la fermeture à double tour de la porte de VOTRE chambre.

5.

Lorsque, pour une fois, vous dormez au-delà de 7 heures le samedi, car l'enfant a décidé que dormir, c'était cool, mais que votre réveil sonne à 7 heures. Oui, car vous avez oublié de désactiver l'option « Réveil à 7 h 15 pour aller à l'école ». Solution : jeter le réveil contre un mur chaque vendredi soir.

6.

Le jouet qui parle. Une variante de la flûte à bec mais en plus soft. Ou pas. Si le robot/poupée se met à répéter inlassablement à 4 h 05 : « *Viens jouer avec moi. ABCDEFG. Viens jouer avec moi. ABCDEFGHIJKL. Viens jouer avec moi. ABCDEFGHIJKL* » en boucle, ça peut devenir usant. Solution : les jouets à piles, c'est dépassé.

7.

La fausse joie : vous croyez que votre enfant dort car il est couché depuis 20 heures. Soudain, à 23 heures, pile au moment où vous tombez dans un petit sommeil, vous sentez une présence que vous arrivez à discerner même dans le noir. Et, apparemment, il ne s'agit pas du fantôme de votre grand-mère. Vous tournez la tête et vous vous retrouvez face à face avec l'enfant. Il vous regarde dans les yeux et dans la pénombre. Vous flippez presque. Il dit juste « *Maman/Papa, zai perdu doudou et zarrive pas à dormiwe depuis toutaleure.* » Solution : lui accrocher le p... de doudou à son pyjama avec un cadenas.

8.

Le loup dans le placard (ou sous le lit ou dans le couloir). Allez expliquer à vos gosses que, non, les loups n'existent pas chez vous, ni dans les alentours d'ailleurs, que c'est une légende, que tout va bien, qu'il faut faire dodo maintenant, que maman/papa les aiment... « *Oui mais dis maman, au zoo qui est près de chez nous, y'a des lions... et moi j'ai peur des lions aussi.* » Solution : ne jamais lui parler du zoo, ni même y aller !

9.

Le pipi au lit. Une variante du caca du matin, sauf que là, c'est en pleine nuit que vous devez trouver des draps propres, changer l'enfant, éponger le matelas, vous énerver, renoncer à changer les draps, vous endormir debout une couverture mouillée qui pue en main, dire merde et faire dormir l'enfant avec vous. Il y a aussi : « *Maman j'ai envie de vom...* » Trop tard. Solution : laissez-le se débrouiller, il veut son indépendance à 1 an et demi. Il l'aura !

10.

Un peu plus tard quand l'enfant s'appellera un ado, il vous réveillera à 3 h 00 du matin, car il rentrera de boîte. C'est sans fin cette histoire de sommeil... Solution : lui prendre un studio.

Si mon fils s'endort à 18 heures, je ne le réveille pas pour le faire dîner. Ne jamais réveiller un enfant qui dort. Qui dort dîne, dit le dicton !

Simon

Je mets une bouillotte chaude dans le berceau de mon bébé avant de le coucher. Puis au moment de le mettre au lit, j'enlève la bouillotte et son lit est chaud (attention, vérifiez que ce n'est pas trop chaud). Comme ça, **le passage de mes bras chauds au lit froid n'a pas lieu.**

Sophie

La nuit, je n'allaitais pas et, **pour éviter de me tromper dans les doses de lait** (quand on est réveillé à 2 h 38 du matin, on peut faire n'importe quoi), je prévoyais mes biberons remplis d'eau d'un côté et les quantités de lait déjà dosées de l'autre. Ainsi pas d'erreur possible !

Diane

Lorsque j'ai su que je pouvais faire les biberons à l'avance, les mettre au frigo et n'avoir plus qu'à les réchauffer au micro-ondes, **j'ai gagné un temps fou la nuit !**

Karen

Pas très convaincue au départ, j'ai testé la technique de la chaise. **Il avait du mal à s'endormir sans moi à côté de lui** et au bout de 13 mois ça devenait impossible ! Le premier soir, je me suis assise sur une chaise près de son lit avec le rituel histoire/chanson. Deux jours plus tard, j'ai reculé la chaise de 50 cm, deux jours plus tard, encore 50 cm… Au bout de quelques jours, la chaise était près de la porte et puis, finalement, je suis sortie de la chambre. C'est dingue mais ça a marché ! Et pourtant, je n'y croyais pas… Comme quoi, il faut tout essayer !

Marie

Avant chaque coucher, on fait une mini-séance de méditation (il y a de super applications pour ça). Ça dure 5 minutes, **ça les plonge dans une ambiance de « dodo ».**

Fatima

Mon fils de 9 mois ne dormant pas la nuit, une amie m'a dit de tester la méthode 5-10-15. Le laisser pleurer 5 minutes, puis y aller sans jamais le prendre dans les bras, mais en le rassurant, puis quitter sa chambre. S'il pleure à nouveau, le laisser pleurer 10 minutes et retourner le voir, le rassurer. Pareil mais 15 minutes plus tard. J'étais superdubitative et surtout je ne voulais pas le laisser pleurer mais, étant épuisée, j'ai essayé… En deux soirs, c'était fini : il dormait ! C'est dur 2-3 jours, mais assez radical… Dans mon cas, je n'aurais pas tenu plus de 9 mois puisque j'étais enceinte du second.

Stéphanie

Ma fille ne s'endormait JAMAIS dans son lit... Un soir de désespoir, je l'ai mise dans sa poussette en faisant des tours dans mon appartement (je n'habite pas un château !). Ça a été radical. Pendant des mois, pour le bien-être de tous, je l'endormais dans sa poussette et la transférais dans son lit ensuite. Quand elle est passée au lit de « grande », c'est-à-dire sans barreaux, elle n'a plus jamais eu de soucis pour s'endormir.

Amélie

Pour caler mon bébé de 4 mois et parce que je n'avais pas envie de l'emmailloter, j'ai roulé deux serviettes que j'ai mises de part et d'autre de son lit. Ça l'a calé et il s'est endormi sans se réveiller durant des mois. Attention à ce que les serviettes soient impossibles à ouvrir pour que le bébé ne s'étouffe pas !

Valentine

Je portais le doudou de mon fils sur moi toute la journée, donc je l'imprégnais de mon odeur et, le soir, il se réglait quand je lui donnais et allais **se coucher avec joie** !

Mathilde

Pour aller se coucher, à un certain âge, c'était compliqué et mes enfants étaient les rois de la négociation. Alors j'ai rusé : chaque soir, je leur donnais droit à une minute de plus. Cela peut paraître peu mais, pour eux, c'était extraordinaire !

Paul

En été, comme la nuit tombe tard, **les enfants ont du mal à aller se coucher** et répètent : « Mais non, le soleil est toujours debout, c'est le jour. » Alors je ferme les volets et les rideaux dès 18 h 30 afin de créer une ambiance « nuit ». Et ça marche !

Nina

Dès que mes enfants ont été en âge de comprendre les choses, j'ai acheté un réveil génial que je réglais sur 7 h 30, heure à laquelle j'estime qu'il est possible de démarrer sa journée. Avant, c'est trop tôt. Tant que le réveil ne s'allume pas, **interdiction de venir voir papa et maman**. Ils jouent dans leur chambre. Au fil du temps, j'ai changé le 7 h 30 pour 9 heures ! Ni vu, ni connu ! Ça change les week-ends...

Clémence

Mon fils s'est longtemps réveillé toutes les 3 heures, ne « sautant » jamais ses biberons la nuit. Épuisés, nous avons remplacé le lait par de l'eau. Il a un peu râlé les trois premières nuits et puis il s'est fait à l'idée que ça ne sevrait à rien de se réveiller, puisque pas de lait ! Il avait 35 ans. (Non, 7 mois.)

Maxime

J'ai eu l'idée de mettre un ruban rouge sur la poignée de notre porte **quand je ne veux pas être dérangée trop tôt le matin par mes enfants** (ils ont 8 et 10 ans). Ça marche aussi pour la sieste et l'intimité ! Ruban rouge = *do not disturb*.

Florian

10 TECHNIQUES POUR DORMIR PLUS LONGTEMPS LE MATIN

Donc, c'est un fait, vous ne dormez plus comme avant. Voici 10 techniques pour vous souvenir qu'un jour vous avez connu les mots « grasse matinée ».

1.

La technique de la sourde oreille

Mettez des bouchons dans vos oreilles et ne vous levez pas lorsque, à 6 h 03, l'enfant crie votre nom ponctué d'un « Viiiiiiiiens !!! ».

2.

La technique du mensonge

Si votre enfant se réveille à 6 h 29, mentez. S'il est encore petit, dites-lui que c'est encore la nuit (en hiver, vous pouvez y aller, le jour ne se lève que vers 8 h 30). S'il est grand, reculez toutes les pendules de la maison de 2 heures.

3.

La technique de l'autre

L'enfant se lève ? Vous avez un/une conjoint, un amant, une amie ? Donnez-lui des coups de pied afin que cet « autre » se lève. Pas vous.

4.

La technique de la disparition

Allez dormir dans le salon. L'enfant ne vous trouvera pas (il peut éventuellement paniquer mais bon, quand on veut dormir... on veut dormir).

5.

La technique de dodo ailleurs

Le faire dormir ailleurs. Mamie, Papi, Tonton... qui vous voulez en fait, pourvu que vous dormiez.

6.

La technique du « joue tout seul »

OK, l'enfant a l'air totalement réveillé. Prévoyant, vous avez disposé la veille tous les jouets dans son lit à barreaux afin qu'il joue seul (pendant au moins 4 heures).

7.

La technique de « débrouille-toi »

Très bien, Loulou, tu veux absolument te lever à 5 h 23 ? *Fine*. Fais ton biberon, promène le chien, achète aussi les pains au chocolat ! Je t'ai laissé 3,25 euros sur la table de l'entrée. Garde la monnaie.

8.

La technique du cododo matinal

Prenez l'enfant contre vous. Il a les pieds froids. Faites semblant de le réchauffer et rendormez-vous.

9.

La technique de la télé

Certes, c'est pô bien mais là... c'est de la survie ! Placez l'enfant devant un bon Dévédé. (Ou deux. Ou trois). Filez vous recoucher.

10.

La technique du coucher tard

Couchez-le super tard. Ça devrait le faire dormir un peu le lendemain matin. Ou pas.

Moi, si je me réveille à 6 heures du matin, je suis de très mauvaise humeur donc, dès qu'ils ont eu 5 ans, j'ai appris à mes enfants à faire le chocolat au lait et à allumer la télé. J'avoue que ça peut me faire passer pour une mère indigne mais, au moins, **je dors jusqu'à 7 h 30**. Ensuite, les plus grands ont même appris à gérer les plus petits. Ça s'appelle de la survie !

Élodie

Lorsque mes enfants se réveillent la nuit pour pipi/cauchemar/je ne sais pas quoi, etc., je les prends dans mon lit. Le plus important, c'est qu'ils dorment et nous aussi !

Harold

Le soir, **pour amuser et endormir mes enfants** (ils ont 2 et 6 ans), plutôt que de leur lire des histoires toutes faites, je leur propose de me donner chacun 2 ou 3 mots de leur choix. Ça va de « caca » à « prince » en passant par « serviette » ou « chevalier ». Ensuite, à moi d'inventer une histoire en plaçant leurs mots dedans. Cela donne des histoires drôles et ça leur permet de participer et de s'endormir heureux. Ensuite, quand j'y pense, je note ces histoires. Ça leur fera de jolis souvenirs.

Jessica

J'avais beaucoup de mal au moment de coucher mon bébé lorsqu'il avait 9-10 mois. La fameuse angoisse de la séparation. Il hurlait jusqu'à se faire vomir chaque soir. Alors, j'ai fini par le mettre dans notre lit avec un fond musical classique, en m'allongeant près de lui et j'ai fait des ombres chinoises avec mes doigts au plafond en chantant toujours la même berceuse. Il s'endormait dans la sérénité la plus totale au bout de 5 minutes. Au bout d'un mois, on a fait pareil, mais dans sa chambre, lui dans son lit, moi à côté, toujours les ombres chinoises et la même berceuse. Puis, un mois plus tard, simplement la berceuse. Il a 3 ans aujourd'hui et, chaque soir, on lui chante cette même berceuse et ça se passe super bien !

Maya

Mon fils aîné s'est réveillé la nuit jusqu'à 2 ou 3 ans. À chaque fois, je me levais, j'allais le voir, je lui parlais mais c'était épuisant. Un jour, miracle, il a fini par dormir. Mais sa sœur a pris le relais, puis son jeune frère. Ma belle-mère m'a conseillé de leur laisser un biberon de lait dans leur lit (à partir de 6-7 mois, un âge auquel ils peuvent le prendre seuls). Un miracle ! Dès lors, chaque soir en allant me coucher, je laissais un biberon de lait et ils se sont débrouillés ainsi jusqu'à leurs 3 ans. Une amie m'a dit que j'en ferais des obèses... Ils ont 6 et 12 ans et tout va très bien ! Personne n'est obèse et tout le monde dort enfin et sans biberon évidemment ! Le seul hic : le lait parfois répandu sur les draps. Mais ça vaut de dormir la nuit !

Jessica

10 ASTUCES FARFELUES POUR L'ENDORMIR

N'y tenant plus, vous êtes prêt à tout pour l'envoyer au pays des rêves. Comme vous ne pouvez compter sur personne, c'est seul(e) que vous devrez ruser.

1.

Le truc de grand-mère

Mettez de la lavande dans un petit sachet sous l'oreiller de junior (pas avant 1 an). Il paraît que ça détend…

2.

Le truc de jeunes parents désespérés

Faites des tours de voiture. Le problème se situe dans le déplacement de l'enfant du siège auto vers son lit. Au pire, laissez-le dormir toute la nuit seul dans la voiture (on rigole, bien sûr !).

3.

Le truc de geek

Enregistrez le son de vos voix sur votre ordinateur et diffusez en boucle des berceuses chantées par vous dans sa chambre, assorties d'un épouvantail vous représentant. Il n'y verra que du feu (ou pas).

4.

Le truc de fou

Allongez-vous avec lui dans son lit de 40 cm et endormez-vous ensemble. Vous pouvez avoir du mal à vous sortir de là. On raconte qu'un papa a passé 13 heures coincé dans un lit parapluie et s'est fait un lumbago dont il a mis 12 ans à se remettre.

5.

Le truc du bon parent

Achetez-lui un lit. Oui, parce que le sol, c'est un peu rude en fait.

6.

Le truc du siècle d'avant (et même d'avant)

Emmaillotez-le. Cela rassure semble-t-il (parole de Marie-Antoinette).

7.

Le truc de la menace

Crier fort et le menacer à l'aide d'une brosse à dents. (Oui, je sais, c'est idiot, mais ça peut marcher sur un malentendu.)

8.

Le truc du bon parent (encore)

Couchez-le dans une chambre à 18 °C, lisez-lui une histoire, faites-lui un câlin, dites-lui : « Bon, maintenant, c'est l'heure des parents et toi et tous les autres enfants du monde et le soleil et les nuages, vous dormez ! Bonne nuit, petit moineau. Je t'aime. »

9.

Le truc de *bio addict*

Une goutte d'eau de fleur d'oranger dans le biberon ou le verre d'eau. C'est psychologique, pas très bon, mais ça peut marcher si on ajoute : « C'est une potion magique que seuls les enfants sages ont le droit de boire et ça fait faire un bon dodo ! »

10.

Le truc d'Henri Dès

Chantez en boucle : « Fais dodo Cola mon petit frère, fais dodo t'auras du lolo ». Personne n'a jamais compris qui était Cola (Coca ?) ni ce que le Lolo était, mais ça peut le faire.

CHAPITRE 4

SE FAIRE DU BIEN

Être parents, c'est aussi devoir faire face à des colères. Que l'enfant ait 2 ou 15 ans, on n'échappe pas à des hurlements, des coups de gueule, des gestes brusques, des « J'en ai marre », des « Je veux pas ».

Face à cela, il faut savoir encore une fois ruser. Détourner l'attention, utiliser la pédagogie positive, garder son calme, expliquer, ne pas hurler en retour. Être bienveillant. Mais il ne faut pas attendre les crises pour distribuer de la bienveillance !

Plus on mettra de la bonne humeur, du dialogue, de la compréhension en place tôt, mieux on pourra gérer les difficultés.

Facile à écrire, facile à dire mais, lorsque l'on se retrouve face à un enfant rebelle de 3 ans qui jette ses jouets par terre, un enfant de 9 ans qui refuse de faire ses devoirs et répond mal, un enfant qui ira jusqu'à se faire vomir pour ne pas aller se coucher, un ado qui ne veut pas se déscotcher de son téléphone, un enfant qui dessine sur les murs en nous regardant dans les yeux, qu'on a à faire à une crise de nerfs au rayon jouets du supermarché, qu'on doit se battre pour faire avaler un haricot vert parce que beurk, c'est immonde... On fait quoi concrètement ?

Voici quelques astuces de ceux qui sont passés par là avant vous, ou qui sont encore en plein dans les crises !

Soufflez un coup, souriez. Ça va aller ! Promis.

j'aim pa le fransse
mais la maitrèss est joli

Pendant le repas du soir, on se raconte chacun son tour (parent compris) le meilleur moment de sa journée. **C'est l'occasion aussi de parler des moments pas simples, d'essayer de trouver des solutions ensemble pour y remédier ou simplement de s'apaiser**. C'est vraiment un moment, sympa, très fort, partagé… Cela permet de faire une relecture des petits bonheurs simples qui font le quotidien, d'avoir des fous rires ou des discussions plus philosophiques, d'apprendre à voir la vie avec poésie !

Magali

J'ai offert un punching-ball à **mon fils de 5 ans qui était très nerveux**. Le soir, il se défoule en tapant dedans. Ensuite, il prend son bain, il dîne et il est déchargé de sa colère.

Arnaud

On a inventé le cahier du kiff. Chaque jour, si mes deux fils se comportent bien, ils ont droit à un petit kiff le lendemain (choisir le repas, inviter un copain à jouer, etc.). Au bout de dix petits kiffs, ils ont droit à un grand kiff (inviter un copain tout le week-end, aller au cinéma et prendre des pop-corn, etc.). C'est motivant pour eux et ils se sentent très fiers !

Candice Anzel, *autrice*

C'est pas superpédagogie positive mais je fais semblant d'avoir une appli « **la police des enfants** ». Cela marche à tous les coups !

Lisa

J'essaie de rendre l'ordinaire extraordinaire. L'école devient un château, les voitures des carrosses, les chiens dans la rue sont des dragons, etc. Ça rend les sorties et les matins pour aller à l'école plus rigolos !

Lise

Ma fille est hypersensible et a parfois du mal à gérer ses émotions, qu'elles soient positives ou négatives. Pour l'aider, on a créé un classeur rempli de dessins de dragons qu'elle a coloriés selon les couleurs de son humeur : vert pour un dragon calme, jaune pour un début d'excitation, orange pour un dragon énervé et rouge crachant des flammes quand le dragon est très en colère. Il y a aussi le dragon bleu qui se sent triste. Pour chaque situation, elle a réfléchi au moyen d'apaiser le dragon : en buvant un verre d'eau lorsqu'il crache trop de feu, en respirant calmement quand il commence à s'énerver… Bien sûr, le câlin reste la meilleure des solutions pour calmer tous les types de dragons !

Lætitia Colombani, autrice

Quand bébé est énervé, je fais couler de l'eau et le bruit l'apaise immédiatement !

Sonia

Une fois par semaine, on autorise la minute de gros mots. **Ça décharge les enfants**, ça les amuse mais, en revanche, si un gros mot sort de leur bouche en dehors de ce moment, on se fâche.

Arthur

Plutôt que dire « TU » (« TU m'énerves, TU me fatigues, TU es lent », etc.), je remplace par le « JE ». (« JE suis fatiguée, JE suis énervée », etc.). Depuis que je fais ça, **mon enfant comprend beaucoup mieux ce que je lui demande**, car il n'est pas culpabilisé.

Anaïs

Souvent le matin, ils ont du mal à se lever, ils sont de mauvaise humeur alors on a fabriqué ensemble la playlist du matin. Depuis que le réveil se fait en musique – et avec les musiques de leur choix –, c'est incroyablement plus cool !

Mathilde

Depuis qu'ils sont petits, je leur dis que, oui tout est possible quand on le veut. Et je crois que **ça leur fait du bien de savoir que parfois, on peut réaliser ses rêves !**

Johanna

Quand l'un de ses jouets préférés est cassé, je le cache jusqu'à ce que la crise passe. Loin des yeux, loin du cœur.

Luana

Ça prend du temps et ça demande de la patience, mais **j'essaie de toujours d'expliquer à mon fils de 2 ans pourquoi je dis non**. Plutôt que de dire « NON, ne dessine pas sur le canapé », je lui explique que ça va le salir, qu'il vaut mieux dessiner sur une feuille que je pourrai en plus emporter au bureau !

Aurélie

10 MOMENTS OÙ VOUS FAITES MIEUX QUE CE QUE VOUS PENSEZ AVEC VOS ENFANTS

NON, vous n'êtes pas un mauvais parent, la preuve par 10.
Stop à la culpabilisation.

1.

Parfois, je crie après mon enfant, car je suis à bout : je suis un mauvais parent.

NON : vous êtes juste un parent normal qui a le droit d'en avoir marre et de craquer.

2.

Parfois, je lui file des pâtes trois soirs de suite : je suis un mauvais parent.

NON : vous lui donnez ce qu'il/elle aime et, après tout, qui a dit qu'il fallait manger des légumes tous les soirs, hein ?

3.

Je sors parfois le soir pour aller au resto, au théâtre, au cinéma et même en boîte de nuit et je prends une baby-sitter : je suis un mauvais parent.

NON : HEUREUSEMENT pour vous que vous sortez, dites donc !

4.

Parfois, j'avoue, ils me saoulent. Je suis un mauvais parent.

NON : vous avez le syndrome normal de la maman/du papa.

5.

J'ai le sentiment de ne pas passer assez de temps avec eux, car je suis pris par mon boulot. Je suis un mauvais parent.

NON : votre boulot est vital pour vous et ce n'est pas le temps passé qui compte, mais la qualité de celui-ci.

6.

Parfois, je leur mets un DVD pour être tranquille. Je suis un mauvais parent.

NON : vous leur transmettez votre goût du 7e art, c'est différent.

7.

Parfois, il m'arrive de sauter un bain quand je suis naze. Je suis un mauvais parent.

NON : vous participez au non-gaspillage de l'eau. Et ça, c'est cool.

8.

Je n'aime pas jouer avec eux. Je suis un mauvais parent.

NON : vous avez le sens des priorités. La vôtre, c'est de ne pas jouer à cache-cache. *So what ?*

9.

Parfois, je cède à leurs caprices et je leur achète des bonbons/des élastiques/des billes sans raison. Je suis un mauvais parent.

NON : bah parce que non, quoi.

10.

Parfois, je saute les pages du livre dans les histoires du soir. Je suis un mauvais parent.

NON : lire tout, c'est tellement dépassé. La nouvelle mode est au silence. Moins on en dit, plus c'est cool.

Si j'ai passé une journée compliquée au bureau, que je suis de mauvaise humeur en revenant à la maison, je ne veux pas faire subir ça aux enfants, alors je passe 30 minutes de décompression dans ma chambre. J'ai besoin de cela pour être « bien » après et disponible pour eux. Ils le savent, c'est MA demi-heure.

Arnaud

Quand les frères et sœurs commencent à s'énerver à l'arrière de la voiture, je leur dis : « Quand vous vous disputerez, je m'arrêterai sur le côté de la route et j'attendrai que vous me disiez de repartir. » Ils se dégonflent comme des ballons de baudruche et ne trouvent plus aucun intérêt à se disputer, s'il n'y a plus de prise sur le parent.

Ève Aboucaya, coach et formatrice spécialisée en parentalité et communication positive

J'utilise plutôt des phrases positives pour demander des choses. Plutôt que de dire « Ne mets pas tes coudes sur la table », je vais dire « S'il te plaît, je préfère que tes mains ›ient posées sur la table, c'est plus joli ». Plutôt que de dire « Si tu ne fais pas tes devoirs, je me fâche », je dis « Ce serait chouette que tu fasses tes devoirs car tu seras libéré plus vite et on pourra faire autre chose ». Parfois, ces petites choses changent tout.

Delphine

On a installé une poubelle à doléances dans l'entrée. On y passe quinze minutes tous les week-ends. On y jette tout ce qu'on veut. Ça fait un bien fou à tout le monde, ça permet de passer des messages. Après, on la vide et on en parle.

Michèle

Lorsque mes ados font des bêtises, on en parle, on leur explique et on leur avoue nos bêtises d'ado à nous et les leçons qu'on en a tirées. Bon, on ne dit pas TOUT, on n'est pas dingues, mais, souvent, raconter ses propres erreurs permet d'instaurer un dialogue (avec les petits aussi).

Léa

Je suis contre les punitions. Je ne vois pas l'intérêt de punir alors qu'on peut simplement expliquer les tenants t les aboutissants de la bêtise. Un enfant au coin ne va pas "méditer sur ce qu'il a fait" à 2 ans, alors que si on lui explique en détails ce qui aurait pu se passer, à mon sens, c'est plus efficace…

Marlène Schiappa, secrétaire d'État

7 MOMENTS OÙ, FINALEMENT, LES PARENTS CÈDENT (ET CE N'EST PAS GRAVE !)

« Fais pas ci, fais pas ça, mange ci, mange ça, mets pas tes mains là, couche-toi, lave-toi les dents, lave-toi les mains, prends ton bain, va au lit, fais tes devoirs… ! » Toute la journée, les parents que nous sommes donnons des directives à nos enfants. Et parfois, on en a marre de lutter… Voici 7 moments où il fait bon lâcher un peu !

1.

Quand ton enfant pleure, pleure, pleure

que tu t'es juré(e) de ne pas céder à son caprice (car tu sais que c'en est un) et que, finalement, tu y vas, que tu le prends dans ton lit en mode cododo et que c'est siiiiii bon de l'avoir près de toi, de le renifler, de le câliner.

2.

Quand tes mômes sont tellement nazes

qu'ils ne veulent pas se laver les dents, que tu en as marre de dire qu'elles seront toutes sales, que le dentiste ne pourra rien réparer. Une fois de temps en temps, le non-brossage de dents ne tue pas !

3.

Quand ton môme refuse de mettre ses gants et son bonnet,

que tu sais qu'il ne va pas attraper froid en 1 minute puisqu'en fait il s'agit juste de sortir de la maison pour monter dans la voiture. Que tu n'as pas envie de lutter. Pas de gants, pas de bonnet, pas d'écharpe. Si ça peut rendre tout le monde heureux hein, on va pas s'énerver.

4.

Quand ton enfant te réclame un bonbon et que, par principe, tu as dit non, car il en a déjà mangé.

Quand il te regarde avec des grands yeux attendrissants et que tu sais que ça va lui faire hyperplaisir. 5 bonbons, c'est pas si grave après tout !

5.

Quand ton enfant veut regarder un petit dessin animé,

que tu lui dis NON, car tu as établi qu'en semaine, c'est NON. Parfois, tu as juste envie de céder, non pas par faiblesse mais parce que tu as envie de lui faire super plaisir.
Allez, lâche-toi !

6.

Quand ton enfant refuse de manger ses 5 fruits et légumes suivis de ses 3 produits laitiers (qui sont, je le rappelle, « vos amis pour la vie » !).

Toi-même, tu ne manges peut-être pas chaque jour tout cela, alors ne lui en tiens pas rigueur, il n'en grandira pas moins !

7.

Quand ton enfant veut s'habiller de façon ridicule pour aller à l'école, parce que tu lui as dit « Choisis tes vêtements tout seul »,

que tu hésites à lui permettre de sortir ainsi. Et puis, après tout, si ça lui fait plaisir... Il y a d'autres combats, non ?

Quand tout va mal (pleurs, cris), je m'assois sur le lit, je prends mon enfant contre moi, même s'il se débat, et je mets son oreille sur ma poitrine pour qu'il entende mon cœur battre. Cela permet un retour au calme. Car, comme le dit le proverbe italien, « Si ton enfant a des problèmes, ferme ta bouche et ouvre tes bras ! »

Julie

Un jour, il a perdu son doudou. La panique, les pleurs, l'immense chagrin, d'autant plus que nous n'avions pas de deuxième exemplaire… Après des heures de recherches sur Google, mon mari a fini par trouver un super site où le doudou était disponible ! C'était une bonne nouvelle, mais il fallait réussir à faire patienter mon fils le temps que le colis arrive. À l'époque, mon fils n'arrêtait pas de dire qu'il voulait aller à Bordeaux, pourquoi ? Je n'en sais toujours rien… Bref, on a donc raconté à notre fils que lorsqu'il avait oublié Ninin sur la plage, il avait pris le bateau pour partir en vacances à Bordeaux.
J'ai donc bidouillé des cartes postales, avec un petit texte qui racontait les aventures de Ninin et nous les mettions dans la boîte aux lettres. Mon fils était ravi, presque plus de chagrin et, au bout de 5 jours, Ninin est revenu de vacances, nous étions sauvés !

Sonia

Si mon enfant me dit « T'es une méchante maman », je lui dis que je vais appeler « le magasin de mamans » et lui en commander une toute poilue qui pue et qui ne fait pas de bisou…

Sarah

Quand le plus petit fait une colère, je fais semblant de voir une licorne dans les airs. Il s'arrête immédiatement et cherche la licorne.

Marie

Lorsqu'un enfant est en colère et que ça déborde, proposez-lui un dérivatif et faites-le taper dans un coussin, toujours le même. Il a le droit de taper, mais uniquement cet endroit-là. Ça marche vraiment bien.

Tessa

On a inventé **la chanson du NON pour désacraliser ce mot**. Magique, rigolo et, vous savez quoi ? Même à 3 ans et demi, un enfant a de l'humour !

Johanne

On organise des moments de la journée où **on ne peut sous aucun prétexte dire NON**. Ni les parents, ni les enfants. Celui qui dit NON a un gage.

Jessica

Pour garder le lien, régulièrement, je me prévois une après-midi exclusive avec chacun, qui choisit alors son activité : ciné, restau, balade, rachat d'affaires d'été… Le tout est de pouvoir se parler seul à seul de temps en temps, parce qu'on se rend compte que, toujours dans le speed et à plusieurs, on ne le fait que rarement. Quand ils seront plus grands, je pense faire des week-ends individuels.

Adèle Bréau, autrice

10 PETITES JOIES DE PARENTS

La vie de parent est souvent faite de petits, tout petits bonheurs...

1.

Quand bébé fait sa première vraie nuit.

2.

Quand bébé accepte de prendre un biberon après 3 semaines de refus et 567 tentatives de sevrage.

3.

Quand grand bébé fait sur le pot pour la première fois.

4.

Quand bébé dit « maman » ou « papa » ou encore « je t'aime » pour la première fois.

5.

Quand bébé a son premier fou rire.

6.

Quand l'enfant perd sa première dent.

7.

Quand l'enfant arrive à faire du vélo sans les petites roues.

8.

Quand l'enfant parvient à lire son premier livre tout seul.

9.

Quand les frères et sœurs se font des câlins et se disent qu'ils s'aiment.

10.

Quand l'enfant dit qu'il est heureux.

Quand ils sont énervés dans la voiture parce que le trajet est long, je leur demande de me prévenir quand le feu rouge redevient vert, de trouver des voitures bleus, rouges, noires, des camions, des bus, etc. Et quand ils se disputent pour l'ordre des chansons (toujours dans la voiture), je mets l'ordre aléatoire pour laisser l'iPhone choisir !

Samantha

Pour redonner le sourire à ma fille quand, parfois, elle le perd, je me mets à le chercher partout (« Mais il est où, ce satané sourire ? »). Parfois, je le retrouve sous un meuble, sous un tapis ou collé sous ma chaussure et hop ! Comme une gommette, je lui recolle sur la bouche... Résultat garanti !

Julie

Pour la Petite Souris, j'avais inventé Biskini. Chaque fois qu'elle venait prendre une dent, elle laissait une lettre (en plus de la pièce), où elle racontait sa vie et savait tout ce qui se passait à la maison. Mon fils lui répondait en déposant un mot sous le frigo (une fois, le chat avait ramené une souris qui était passée dessous). C'était sa maison. Il lui confiait ce qui le tracassait. Cela permettait de **désamorcer pas mal d'angoisses ou de petits soucis d'école**.

Carine

On a **un avaleur de soucis** chez nous, une bestiole venue d'une contrée lointaine... On écrit le souci sur un papier, elle le mange et tout va mieux ensuite !

Eloïse

On a un tableau sur lequel on a donné des couleurs aux émotions. Rouge pour la colère, bleu pour la joie, rose pour l'amour, jaune pour la fatigue, etc. Quand elle rentre de l'école, ma fille de 4 ans met des croix sur les couleurs qu'elle ressent. Ça permet de lancer e dialogue.

Ève

Mes enfants de 12 et 14 ont un portable mais on a imposé un temps d'écran maximal, sinon, c'est vite la dérive. Et, évidemment, le soir, vers 19 h 30, on confisque les portables. Ils les récupèrent le lendemain matin. C'est à nous de **mettre des limites**. Si on installe ça dès le départ, alors ça va.

Laurent

Chez nous, **les portables sont interdits durant les repas**. Avant chaque repas, chaque membre de la famille, parents inclus, dépose son portable dans le panier à portables. Du coup, on parle vraiment !

Julie

15 FAÇONS DE DIRE NON À SON ENFANT HABILEMENT

On dit souvent que les enfants sont dans le NON vers 2-3 ans. Oui mais, nous autres parents, devons leur dire NON souvent alors que nous n'avons pas 3 ans. Il y a des « non » pour freiner une bêtise, les « non » de principe, les « non » qui signifient que « bah désolée, mais ce que tu dis, poussin, c'est irréalisable ». Si ce mot est facile à dire pour eux, il est souvent difficile pour les parents. Voici des ruses pour rendre le NON plus facile.

1.

Dire non en anglais, ça passe mieux. Comme quoi à une lettre près, tout peut se jouer.

2.

Dire non sans le dire c'est-à-dire en faisant un signe de la tête qui peut vouloir dire oui mais qui veut dire non. L'enfant, troublé, avalera ça mieux.

3.

Oser le « Mais je t'aime siNON. »

4.

Ou le « Comment va ta copine NiNON ? »

5.

« Mmmm, laisse-moi réfléchir 2 secondes… C'est Non. »

6.

« N.O.N. Ah tu ne connais pas ton alphabet ? Bah, c'est non. »

7.

Façon publicité : « Le pouvoir de dire NON ».

8.

« Demande à ton père (si vous êtes la mère). »

9.

« Demande à ma secrétaire, elle te répondra. »

10.

Se lancer dans des explications.

« C'est pas que je ne t'aime pas, tu sais que je t'aime à la folie furieuse, mais le truc, c'est que je ne peux considérer ta demande, y répondre par la favorable car cela entraînerait un choc ou une bêtise. En clair ? C'est Non, poussin. »

11.

« Ton doudou a dit non. C'est pas ma faute. »

12.

Juste avec le doigt, faire un signe qui veut dire NON.

13.

« Tu veux voir MaNON des Sources ? »

14.

« Tu savais que le mot NON pouvait s'écrire dans les deux sens ? C'est top, hein ? »

15.

« Le contraire de OUI, c'est… »

Je m'oblige, et c'est une joie, à **passer des moments en tête-à-tête avec chacun de mes quatre enfants**. Un déjeuner avec l'un, un goûter avec l'autre, une promenade avec le troisième et une virée shopping avec le dernier. C'est important de leur faire sentir qu'ils sont uniques et qu'on les aime. Et puis, c'est sympa de les connaître mieux de cette façon.

Jessica

Mon fils est en maternelle. Parfois, je pose ma journée, je le réveille pour lui dire : « Aujourd'hui pas d'école, c'est une journée avec papa. » **Ce genre de petit bonheur le ravit !**

Alexandre

Au moins 2 ou 3 samedis par mois, je booke une baby-sitter pour que mon mari et moi on soit à deux. On se fait des surprises, on se surprend. C'est important pour le couple et donc pour nos enfants !

Candice Anzel, autrice

Quand mes enfants partent quelques jours, notamment en colonie de vacances, je glisse une photo de nous dans leur sac à dos… Il la trouve à l'arrivée et ça les rassure.

Nina

Je suis cette mère qui envoie toujours des lettres avant le départ de ses enfants en colonie. Comme ça, quand ils arrivent, ils ont déjà du courrier !

Ava

Une fois ou deux
dans l'année, je pars en
week-end avec des copines.
Je laisse mon mari gérer nos
enfants. **Ça me fait du bien** et
ce qui me fait du bien en tant que
femme, me fera du bien en tant
qu'épouse et maman.

Jessica

Pour les faire lire et réduire le temps passé sur les tablettes et les jeux vidéo : on s'inscrit deux fois par an à un vide-grenier, où on vend tout ce qui déborde à la maison, des fringues trop petites aux jouets plus (voire) jamais utilisés. Déjà, comme dirait Marie Kondo, ça fait le ménage à la maison et donc dans nos vies. Et puis, on met notre butin amassé dans un bocal que l'on a appelé « la cagnotte à livres et jeux vidéo ». Chaque membre de la famille, quand il a un coup de cœur, peut soumettre son envie aux autres. Si le comité de décision accepte son achat, il peut piocher dedans et partir à la librairie ou au magasin de jouets faire son achat.

Adèle Breau, autrice

10 QUESTIONS AUXQUELLES LES ENFANTS NE PEUVENT (VRAIMENT) PAS RÉPONDRE NON

La vie de parents comporte des mots, des déclarations, des affirmations et des questions. Celles que nous posons à nos enfants, par exemple. Voici des questions auxquelles ILS NE PEUVENT PAS *répondre par* NON. *C'est idiot, mais ça fait du bien!*

1.

Tu m'aimes, chéri ?

Non, maman/papa, je te hais.

2.

Tu veux bien te coucher tard ?

Non, je suis en pleine croissance, j'ai besoin de dormir donc, comme il est 19 h 30, je vais aller au lit.

3.

Ça te dit de manger des bonbons ?

Non, ce n'est pas raisonnable maman/papa.

4.

Un petit DVD samedi soir, ce serait cool, hein ?

Non, vraiment, je suis contre.

5.

Ça t'ennuie pas de rater un jour d'école pour qu'on parte plus tôt en vacances ?

Non, c'est mal, l'éducation, c'est primordial. Rater l'école, c'est un peu rater ma vie...

6.

T'aimerais bien inviter ton/ta meilleur ami samedi soir à dormir à la maison et faire une pyjama party ?

Non, je préfère lire et me coucher tôt.

7.

Une virée à Disneyland, ce serait trop cool, hein ?

Non, je suis contre, on en a déjà parlé cinquante fois.

8.

Ce soir, je remplace les haricots verts et les épinards par des frites, OK ?

Non, oh noooooon steuplai, fais pas ça... NON !

9.

Demain, je viens te chercher à l'école à 15 h 30 et on ira manger une petite glace avant de se faire un film au cinéma ?

Ah ça NON maman/papa. NON. NON. NON.

10.

Bataille de polochons géante ?

Sans façon, la violence, c'est pas mon truc, je décline ta proposition, ce sera sans moi.

On a une boîte avec des petits mots de bonheur, comme des missions « fais un câlin », « dis-moi un mot gentil », « raconte-moi un truc marrant », etc. On pioche chacun un mot avant le repas et on s'exécute. Et que ça fait du bien !

Sarah

Que ce soit avec mon fils de 4 ans ou avec ma fille de 13 ans, j'essaie toujours de **maîtriser ma colère face à la leur**. Quoi qu'il en soit, je commence par leur dire : « Je comprends ta colère, elle est normale, mais je vais t'expliquer pourquoi ce n'est pas possible... » Que ce soit un caprice pour un bonbon ou pour avoir un nouveau téléphone, si on explique bien, ça passe ! Pour les calmer je propose au petit un câlin ou une histoire, et à la grande une partie de cartes ou d'aller prendre un bain avec des bulles !

Lisa

Ma fille vivait mal le fait de devoir se coucher tôt, alors que son papa et moi veillons le soir. Du coup, nous avons institué un petit rendez-vous hebdomadaire : la soirée pyjama du samedi. On choisit un film qu'on a envie de lui montrer (ça peut aller des Temps Modernes à Peau d'âne en passant par E.T.) et on s'installe tous les trois devant l'écran avec un plateau-repas (en général, c'est ma fille qui choisit le menu... donc croque-monsieur ou pizza !). C'est la fête ! Depuis qu'on a instauré ce petit rendez-vous, plus de sou les autres soirs : ma fille sait qu'elle a son moment avec nous le samed

Lætitia Colombani, autrice

Lorsque mes enfants ne veulent pas faire quelque chose (aller au bain, passer à table, etc.), je fais marcher leur imaginaire. On se transforme en passagers d'un bateau pour aller au bain, en fées du sommeil pour aller au lit… Une façon de détourner l'attention de façon magique.

Hugo

Je suis adepte du lâcher-prise avec mes enfants. S'ils ne veulent pas manger, OK (et puis ils finissent par manger justement quand je dis OK). Ils veulent un pull plutôt qu'un manteau… OK.

Géraldine

De temps en temps, les enfants et nous-mêmes notons les cinq qualités les uns des autres et puis nous nous les lisons. **Ça fait du bien à toute la famille !**

Charlotte

Un petit mot différent tous les jours dans la boîte à goûter **pour booster la confiance en soi**. Par exemple : « Tu es forte, tu es intelligente, je t'aime, etc. »

Jessica

10 PETITES PHRASES À LEUR DIRE QUI FONT DU BIEN EN CAS DE COLÈRE

Il entre dans une colère affreuse, il pleure, il se roule par terre, il ne veut rien entendre. Pas de panique, il y a quelques phrases ui sont magiques en cars de grosse colère.

1.

« Tu as donné le meilleur de toi-même. Tu es formidable. »

2.

« Quand on n'obtient pas ce qu'on désire, il est normal de ressentir de la colère. »

3.

« Tu es unique et exceptionnel. »

4.

« Je comprends ta colère, mais je n'en suis pas responsable. Va donc dans ta chambre/ ton espace/dessiner, taper dans ton punching-ball afin que ta colère sorte de toi. »

5.

« Tu es fâché et tu n'écoutes plus que ta colère, mais assieds-toi et écoute-MOI. »

6.

« Je suis là pour toi, tu peux TOUT me dire, je ne vais pas te juger. Je vais t'aider à apaiser cette colère. »

7.

« Assieds-toi, écoutons de la musique et faisons-nous un câlin. La colère va passer. »

8.

« Je vais rester ici, et, si tu veux en parler, je suis disponible. »

9.

« Tu es en colère. Essaie de te calmer en lisant/en dessinant/ en jouant et on reparlera de tout ça plus tard. »

10.

« Tout va bien. Tu es en sécurité avec moi, avec nous. »

Quand il fait une crise, quelle qu'en soit la raison, je me mets à sa hauteur pour lui parler afin que nos yeux soient face à face, qu'il sente que je ne le prends pas « de haut » systématiquement. Pour instaurer un dialogue c'est mieux.

Pierre

Quand mon enfant pleure ou fait une « crise de nerfs », je m'interdis de lui dire : « Arrête de pleurer ! » Ça ne fait pas avancer et ça revient à lui dire que pleurer, c'est nul. Alors que c'est parfois bien de pleurer. Je le prends dans mes bras et j'essaie de dialoguer après l'avoir rassuré. Je pense qu'il faut essayer de le comprendre avant tout.

Marie

Mon fils ne sait pas encore lire, il a 4 ans et demi alors, **lorsqu'il est énervé**, je lui demande de prendre un feutre et de me dessiner sa colère. Ça en dit long parfois !

Karen

Je pousse mon fils à m'imiter, à imiter son papa, et, moi, je l'imite, sous forme de jeu ; ça permet de mieux comprendre comment il nous perçoit, et lui de prendre du recul sur ses caprices. De toute façon, mon astuce, c'est l'humour en règle générale.

Agathe Lecaron, présentatrice de télévision

Quoi qu'il se passe, **je ne renonce jamais à l'histoire du soir. Jamais.** Ils le savent. C'est comme une parenthèse enchantée qui leur fait du bien.

Adeline

J'ai deux ados qui aiment bien claquer les portes de leurs chambres **lorsqu'ils sont mécontents.** Une fois, deux fois, trente-quatre fois… Un jour qu'ils étaient à l'école, j'ai tout simplement enlevé les portes de leur chambre. Une semaine sans porte à claquer. J'ai remis les portes après 8 jours et depuis… rien ne claque !

Sacha

On a mis en place un truc avec les enfants : **quand ils sont en colère plutôt que de crier des gros mots**, on les remplace par des noms de légumes. Au lieu de dire « merde », on dit « courgette », au lieu de dire « putain », on dit « pêche ». Si on met ça en place dès leur jeune âge, ça fonctionne, c'est drôle et ça passe mieux !

Lisa

Si je dis un gros mot, je dois mettre une pièce dans une boîte à gros mots. Ça amuse les enfants, ça leur prouve que les parents font des erreurs et c'est important pour eux !

Karim

10 PETITES PHRASES POSITIVES POUR ENCOURAGER NOS ENFANTS

Les encourager toujours et encore. En faire des personnes fortes et leur montrer qu'on les aime.

1.

« Tu peux être fier de toi. »

Plutôt que de dire « Je suis fier de toi », ce qui sous-entend qu'on attend quelque chose d'eux et qu'on est pour quelque chose dans leurs succès.

2.

« J'aime quand tu… »

Pour signifier qu'on apprécie ses qualités.

3.

« J'ai eu tort. »

Oui, les parents aussi, ça fait des erreurs ! C'est bien de le montrer.

4.

« Je t'aime. »

On ne le dit jamais assez !

5.

« Je suis d'accord avec toi. »

Ça ouvre la discussion, ça montre qu'on le considère comme une personne à part entière.

6.

« Donne-moi ton avis. »

Il sera bien fier que son avis compte. Qu'il ait 3 ans ou 15 ans !

7.

« Je suis d'accord, OUI ! »

Le pouvoir de dire OUI, ça fait du BIEN aux enfants.

8.

« Je te fais confiance. »

Un enfant a besoin de savoir que son parent a confiance en lui. Et vice versa.

9.

« Parlons-en. »

Le dialogue encore et toujours plutôt que l'emportement.

10.

« Je vais t'aider. »

Un enfant a besoin d'une béquille et, si son parent est là pour l'aider, alors tant mieux !

CHAPITRE 5

DEVENIR AUTONOME

Un dicton yiddish dit : « On ne peut donner que deux choses à ses enfants : des racines et des ailes. » C'est joli et c'est bien vrai !

On les porte d'abord en soi, dans nos têtes, dans nos esprits. Parfois depuis des années. On les rêve depuis toujours. On les porte ensuite dans nos ventres, dans nos cœurs, puis dans nos bras. Ils sont petits, tout petits et ils ont besoin de nous. Sans nous, ils n'avancent pas. Puis très vite, ils grandissent, s'affirment, ont des idées, des personnalités, des envies, des rêves. Ils ont aussi des bêtises en tête et l'envie de tout casser ! Ils deviennent des enfants, des ados, des adultes. Cela arrive vite.

À chaque étape de leur développement, il faut les accompagner, les aider à grandir, être juste sans être trop envahissant, leur tenir la main et savoir la lâcher aussi, leur apprendre à devenir eux-mêmes en les conseillant, leur faire confiance, les écouter, les entendre, avoir du recul, applaudir leurs efforts quel que soit leur âge, savoir couper le cordon, être là sans être intrusif, voir quand cela ne va pas, savoir doser, être là sans juger.

On a parfois le blues de l'époque où il tenait dans nos bras et pesait à peine 5 kg. On aimerait leur dire que ça va aller, que c'est pas si terrible de lâcher sa tétine ou d'avoir ses premières règles.

Des changements, des envols, des questions, des doutes, des hésitations, des moments où, mince alors ! ils poussent trop vite... Il va y avoir de tout cela dans le long trajet des parents.

Il va y avoir des merveilles aussi, des surprises, des joies petites et grandes, des révélations, des soulagements, des déceptions, des étonnements, des fiertés.

Dans tous ces moments, dans toutes ces étapes, nous, les parents, devrons aimer nos enfants, leur accorder notre confiance et les aider à grandir ! Cela passe par la parole, les câlins, mais aussi par de petites astuces...

Pour que ma fille devienne propre la nuit à 4 ans, on a fait la cérémonie du rond/croix tous les matins : si pas propre, croix avec mes doigts ; si propre un rond. En 15 jours, motivée par le fait d'avoir plus de ronds que de croix, elle est devenue propre ! Affaire emballée !

Morgane

J'ai accroché la tétine à un ballon à l'hélium pour l'envoyer à un bébé oiseau. Les enfants y croient et le message est joli.

Claire

Pour que mon fils de 3 ans arrête les tétines, car il en avait plusieurs, je lui ai donné une pièce en or. En réalité, c'était une pièce de 20 centimes mais ça a fait son effet ! Du jour au lendemain, cet accro des tétines n'a plus réclamé ses tétines pour pouvoir garder sa pièce en « or »... J'attends le jour où il découvrira que ce n'en est pas une !

Jessica

Pour arrêter la tétine, racontez l'histoire du père Noël et de sa grande pièce à tiroirs. Il y met les soucis de tous les enfants qui lui donnent une tétine et, à la place, il leur offre un cadeau spécial…

Tessa

Pour le pot, zéro pression, j'ai laissé l'enfant vaquer à ses occupations nu toute la journée et laissé le pot bien en évidence dans le salon. En 48 heures, c'était réglé.

Delphine

La séparation pour aller à l'école est de plus en plus difficile au fur et à mesure de l'avancée dans l'année de maternelle… Du coup, on remplit la poche de bisous pour que mon fils puisse se servir au fur et à mesure dans la journée ! Le matin, il n'oublie jamais le moment où je suis en train de remplir sa poche de bisous !

Aurélie

Je fais un cœur au feutre sur le poignet de mon fils et sur le mien quand on se sépare (notamment le premier jour d'école). Il le regarde **quand l'angoisse monte** et ça le rassure.

Julie

20 MOMENTS-CLÉS DE L'AUTONOMIE QUI NOUS METTENT LA LARME À L'ŒIL

Les voir grandir, les voir devenir autonomes, les voir devenir des personnes à part entière. Fierté, joie, émotion!

1.
Sa première vraie nuit.

2.
Ses premiers pas.

3.
La première fois qu'il parle.

4.
La première fois qu'il mange seul.

5.
Ses premiers copains de crèche.

6.
Son premier fou rire.

7.
Sa première nuit dans un lit de «grand».

8.
Sa première fois tout seul à la boulangerie.

9.

Sa première rentrée à l'école.

10.

Ses premiers cahiers.

11.

Ses premières lettres.

12.

Sa première dent qui tombe.

13.

Sa première classe verte/colo.

14.

Sa première invitation à dormir chez un copain.

15.

Sa première fois sur le pot.

16.

Son premier téléphone.

17.

Son premier cinéma avec des potes.

18.

Son premier trajet en métro seul.

19.

Ses études loin de nous.

20.

Toutes les premières fois sans nous.

Pour qu'il range plus facilement sa chambre, je colle des photos des objets sur les bacs pour savoir où il doit les ranger. C'est simple et efficace.

Sarah

Mon aînée refusait d'aller aux toilettes avant de dormir. J'ai fini par lui parler du génie des rêves qui était coincé dans sa vessie et qu'il fallait absolument libérer. Curieuse, elle voulait voir le génie, du coup, le seul moyen était d'aller déposer son pipi au fond des toilettes. Un peu plus grande, quand elle a commencé à avoir des doutes, je mettais mon oreille sur son ventre et disais : « Attends, chuuttt, j'entends quelque chose... Le génie dit qu'il y a de l'eau dans ton ventre » et là, elle allait aux toilettes !

Audrey

Quand ils rechignent à aller se coucher, je demande au grand de 7 ans de coucher sa petite sœur de 3 ans, de lui raconter une histoire. Le grand se sent super responsabilisé et la petite super fière. Beau moment de complicité et d'autonomie.

Luisa

Je pratique ce que j'appelle l'apprentissage positif. Quand on lui montre quelque chose et qu'elle réussit à le faire seule, on l'applaudit en disant « Bravo ! » Résultat : dès qu'elle fait un truc bien, elle bombe le torse en souriant et elle s'applaudit !

Apolline

Pour l'apprentissage de la propreté, j'avais imprimé sur une feuille divisée en plusieurs cases le dessin d'un petit garçon qui fait pipi et, toutes les heures, je faisais sonner mon portable avec toujours le même son. Dès qu'il l'entendait, hop ! il allait aux toilettes et, ensuite, il pouvait cocher la case du petit gars qui fait pipi. À chaque fin de feuille, il avait une surprise !

Solenn

Contre l'angoisse de la séparation, j'ai crée une boîte à bisous que ma fille a toujours dans son cartable avec dedans deux petits papiers : un cœur dessiné par papa, un bisou fait avec du rouge à lèvres par maman.

Emma

Une amie m'a donné une technique qui a marché pour mon grand ! Rentrée à l'école maternelle, il était propre, mais avait **toujours une tétine pour les siestes à la maison et la nuit**. Or, la tétine était interdite à l'école. Rien ne marchait. Nous avons utilisé l'histoire du roi des Tétines. Sa mission : récupérer les tétines pleines d'amour des grands pour les distribuer aux bébés qui viennent de naître et qui en ont besoin à la maternité. Quand on le décide, un jour, on pose sa tétine sur l'oreiller et on dit « C'est bon, roi des Tétines, tu peux venir ! ». Aux parents de la faire disparaître...

Aurélie

J'accroche des verres en plastique sur des ventouses à hauteur de mes plus jeunes enfants. Ainsi, ils peuvent les attraper et les remplir seuls au robinet. **Ça leur donne le sentiment d'être des grands !**

Louis

On devenait dingues, car **les enfants ne voulaient jamais ranger leur chambre**… Un jour, j'ai tapé au mur de leur chambre. Ils étaient étonnés et ont demandé qui c'était. Je leur ai expliqué que c'était Monsieur Range-Tout qui tapait pour prévenir que, si les enfants ne rangeaient pas, il viendrait la nuit prendre tout ce qu'il peut… Ça a super bien marché !

Stéphanie

J'ai des ados dont les chambres sont un vaste bordel et les placards sont toujours dérangés. Je les menaçais tout le temps de jeter tout ce qui n'était pas rangé, mais ils n'y croyaient pas. Et puis, je l'ai fait. J'ai tout jeté (en fait, j'ai tout caché dans ma chambre, je n'allais pas jeter leurs vêtements et leurs cahiers). Ils ont eu un vrai choc. Petit à petit, j'ai réintégré les objets mais, depuis, ils rangent !

Bertrand

Quand il a été temps d'abandonner la tétine, on l'a envoyée à Monsieur Lapin, qui les collecte pour les petits lapereaux qui ont besoin de s'user les dents. Un beau dessin accompagné de la tétine… et Monsieur Lapin a répondu !

Muriel

Quand les enfants sont tristes que nous quittions la maison et les laissions avec une baby-sitter, nous cachons quelque chose dans la maison pour eux. Une carte postale avec un mot au dos, une photo de nous, une pièce en chocolat, afin de prolonger le lien. Du coup, ils ont hâte que nous partions pour trouver leur trésor et, nous, on sort sans culpabilité !

Shirley

J'ai vite compris que, **pour mettre l'autonomie en marche**, il fallait leur donner des missions. Parfois des missions pas drôles comme mettre la table, mais parfois aussi des trucs plus fun, comme donner à manger aux poissons rouges ou au chien. Dès 3 ans, ça les réjouit et ça les fait grandir.

Laura

10 FAÇONS DE SE SERVIR DE SES ENFANTS EN LEUR FAISANT CROIRE QU'ILS GAGNENT EN AUTONOMIE

C'est bien beau de vouloir grandir et de vouloir voler de ses propres ailes. On est d'accord nous, les parents, mais tant qu'à faire, autant que ça nous rendent service, non ? Voici 10 moments où ils vont gagner en autonomie et nous rendre service. Que demandez de plus ?

1.

«Chéri poussin, tu veux te lever pour me donner la télécommande qui est là-bas alors que, moi, je suis assise sur le canapé ? C'est une mission de grand ça !»

L'enfant trop heureux s'exécute et, nous, on garde nos fesses dans le canapé.

2.

«Chéri poussin, je te donne une mission : tu as le droit d'avancer plus vite que moi sur ce trottoir et de faire la queue pour acheter une baguette. Tu as 6 ans, tu peux le faire !»

L'enfant trop heureux fera la queue et nous laissera ainsi finir notre conversation HYPER importante avec notre copine.

3.

«Chéri poussin, le chien m'a demandé de te demander si tu pouvais aller le promener. Oui, il me parle à moi. Tu as 8 ans maintenant, tu peux, ça va lui faire superplaisir.»

L'enfant ira, réjoui, avec le chien réjoui, et nous, on sera réjoui de ne pas avoir à le faire.

4.

«Chéri poussin, j'ai un jeu trop trop rigolo : il faut ramasser les miettes par terre ! Si tu y arrives, t'es un grand champion.»

L'enfant trouvera ça trop fun. Prochaine étape : ramasser les grains de sable à la plage.

5.

« Chéri poussin, une légende raconte que pour, bien grandir, il faut jeter les poubelles au moins 5 fois par semaine. »

L'enfant risque de ne pas y croire mais, si on le mesure en trichant et qu'on lui dit que si, ça fait grandir, alors bon, il le fera. HAHAHA.

6.

« Chéri poussin, voici 78 chaussettes qu'il va falloir mettre par paire. Pour apprendre à compter, maintenant que tu as 5 ans, c'est parfait. Et puis pour t'aider, demande à ton frère de 2 ans, il apprendra les couleurs. »

L'enfant va adorer cette mission qui est une bonne galère pour ses parents !

7.

« Chéri poussin, maintenant que tu sais lire, c'est toi mon grand qui va lire une histoire à ta petite sœur. C'est une mission de super grand garçon ! »

L'enfant va kiffer et nous, on va avoir 5 minutes pour faire autre chose.

8.

« Chéri poussin, c'est toi qui choisis le menu ce soir ! Bah oui, tu es un grand, tu peux ! »

L'enfant va trouver ça tellement cool. Et nous, comme on est à court d'idées, ça nous soulagera bien !

9.

« Chéri poussin, comme tu as choisi le menu, tu vas débarrasser. Oui, les grands font ça ! »

L'enfant va râler mais bon, on est gagnants !

10.

« Chéri poussin, j'ai des souvenirs tellement fous de colonie de vacances. Je t'ai inscrit, tu vas te faire des copains et des souvenirs pour la vie ! »

Les colos, ça fait grandir !
L'enfant va adorer et, nous, on aura un peu de tranquillité.

Pour le brossage des dents, j'ai trouvé un mini-sablier de 2 minutes à coller sur le miroir ; ils le tournent tout seuls et ils sont plus autonomes. Ça devient même rigolo !

Stazia

Pour le lavage de dents, ils choisissent une chanson et ils frottent jusqu'à ce qu'elle se termine.

Solenn

Dès 6 ans, **on leur a offert une tirelire** et, chaque semaine, ils ont de l'argent de poche. C'est 5 à 10 centimes à 6 ans, puis ça va crescendo. Ils en font ce qu'ils veulent (dans la limite du raisonnable). Apprendre à gérer ses sous, c'est aussi devenir grand, prendre la valeur de l'argent et gagner en autonomie.

Claire

Pour les rendre autonomes, dès leurs 6 ans, je les envoyais acheter la baguette seuls (j'étais à 4 mètres d'eux). Les voir partir dans la boulangerie avec leurs pièces et sortir de là avec l'air fier et la baguette à la main, ça n'a pas de prix !

Laurence

C'était important pour ma fille de 2 ans de s'habiller toute seule, comme sa sœur aînée. Au début, je n'étais pas pour et puis j'ai laissé faire… Le pantalon à l'envers, la culotte de sa sœur en guise de chapeau… elle était hyper fière et **ça l'a fait grandir** !

Mila

Vers l'âge de 11 ans (entrée en Sixième), **j'ai décidé de faire confiance à mon fils et de le laisser éteindre sa lumière seul le soir**, quand il aurait fini de lire et qu'il serait fatigué. On m'a dit que j'étais dingue et qu'un enfant ne savait pas se mettre de limites. Finalement, tous les soirs à 21 heures après avoir lu, il éteignait… Leur laisser la liberté peut s'avérer payant ! Lui avait le sentiment d'être chanceux, d'être grand…

France

10 ASTUCES POUR QUE, EUX, GRANDISSENT SANS QUE NOUS, ON VIEILLISSE

« Oh, comme il a grandi, je ne l'ai pas vu depuis quoi ? 10 ans ? !!! C'est dingue ! Oh, mais toi aussi, tu as pris un sacré coup. » Voilà le genre de phrase qu'on entend parfois... On n'est pas contre les voir grandir, devenir des adultes et tout ça, mais nous, on n'a pas envie de vieillir !

1.

S'habiller comme quand on avait 15 ans.

Même si, pour nos enfants, c'est la honte.

2.

Continuer d'écouter Glenn Medeiros.

3.

Regarder chaque samedi soir les vieux épisodes de *Beverly Hills* et surtout ne jamais aller voir le film, car ils ont tous pris cher et si eux ont pris cher alors... nous aussi...

4.

Prendre les baskets de nos enfants.

Oui, c'est le monde à l'envers.

5.

Accepter d'être *followé* par les amis de nos enfants sur Instagram.

6.

Se teindre les cheveux en bleu.

7.

Mettre de la crème anti-boutons d'acné.

Comme ça, juste pour voir.

8.

Être hyper au courant des musiques du moment.

Oui, on revendique le droit d'aimer Angèle.

9.

Se balader avec son enfant qui nous prend deux têtes et être fière de dire que c'est notre fils et qu'il a presque l'air d'être notre frère.

10.

Ne JAMAIS dire des phrases comme « Nan, mais moi, à mon époque… »

À son entrée en 6e, ma fille m'a réclamé un portable. Je n'étais pas pour mais j'ai cédé, car toutes ses copines en avaient un et que, bon, il faut vivre avec son temps. Mais les règles ont été très claires. « Je te fais confiance, tu es grande mais, si tu ne le poses pas à 18 heures sur la table de la cuisine, c'est fini. » Elle l'a fait. Le portable OK, mais avec des limites. C'est notre rôle de parents de dire oui, mais avec des limites.

Sandrine

J'ai réservé **un mur** (derrière une porte, personne ne le voit) **sur lequel les enfants ont droit de dessiner**. Ils ont le sentiment de faire un truc interdit alors qu'en fait, ça ne l'est pas. Ils gagnent en autonomie !

Géraldine

Un soir par mois, **mes enfants** (ils ont 9, 10 et 14 ans) **deviennent les parents**. On leur laisse les rênes de la maison. Ils préparent à dîner, mettent la table, nous appellent pour venir manger, débarrassent, nous racontent une histoire. C'est un moment génial qui les fait grandir et les responsabilise.

Jules

Le matin, je fais semblant de ne plus connaître le chemin de l'école. Je prends la main de ma fille de 4 ans et je lui demande de m'y emmener. Elle y croit (ou c'est un jeu pour elle) et elle me montre le chemin. L'école est à 6 minutes à pieds. On fait pareil au retour. **C'est un moyen pour moi d'être sûre qu'elle sait retrouver son chemin au cas où.**

Lise

À la plage, je mets toujours à mes enfants un bracelet avec nos numéros de téléphone. On ne sait jamais...

Arnaud

Mes ados sont en âge de faire des baby-sittings pour gagner des sous et pouvoir s'offrir des trucs. Alors, **on les pousse à le faire**. L'autonomie passe aussi par là, c'est important. On a aussi « forcé » notre grande de 19 ans à occuper son mois de juillet pour gagner des sous avant de partir avec ses amis en août. Elle a été vendeuse dans une boutique de chaussures et était ravie !

Louise

Chez nous, **on a la règle de « chaque mois, un nouveau truc que je peux faire »**. Dès 3 ans environ, on leur donne une part d'autonomie et ça les réjouit. On a ainsi dressé une liste de chose selon les âges de chacun de nos enfants. Ça va de « Donner à manger au chien » à « Aller à l'école tout seul » en passant pour les plus grands par « Prendre le métro seul ». Chaque mois, ils ont une mission/un droit en plus.

Fabienne

Pour les anniversaires de mes 4 enfants, le leur ai toujours laissé **choisir d'inviter qui ils voulaient** (dans la limite de 10/12 enfants). Je ne veux pas leur imposer des copains parce que ce sont les enfants de mes amis ou des cousins lointains. Leur laisser le choix d'inviter qui ils veulent, c'est leur montrer qu'ils sont des personnes à part entière et ça, ça aide à devenir grand !

Hélène

Mon fils n'arrivait pas à aller à l'école, dormir chez sa mamie, aller à son cours de judo sans que ce soit un drame. **Il a pleuré, pleuré, pleuré durant 5 ans**. Très dur. On pensait avoir tout essayé. Puis un jour, on lui a dit : « OK, c'est toi qui décides. » Ça peut paraître complètement stupide mais dès lors qu'on lui a fait croire qu'il décidait, il a été à l'école sans pleurer et dormir chez un copain. Je crois que ça l'a fait grandir, il ne s'est pas senti forcé.

Pauline

On n'est pas pour les écrans, mais force est de constater que tout n'est pas à jeter dans les programmes pour les petits. Ainsi, **on autorise 15 minutes par jour d'écran à notre fils** de 5 ans, on a mis un minuteur sur la télévision. Il a le droit de choisir à quel moment il regarde ses 15 minutes de télé dans une fourchette allant de 17 heures à 19 h 30. Il a le sentiment de détenir les codes nucléaires tant il a l'impression être devenu grand. Et parfois... il ne réclame rien du tout et c'est pas plus mal !

José

Pour aider ma fille à devenir plus autonome, j'ai installé dans notre entrée un porte-manteaux et des casiers à sa hauteur. Quand elle rentre de l'école, elle enlève ses affaires et les range toute seule « comme une grande ».

Justine

Je donne toujours le choix à mes enfants pour les amener à s'autonomiser. Par exemple, au lieu de dire « Mets ta robe », je dis « Tu préfères ta robe rose ou ta robe bleue ». Ça les fait grandir.

Sarah

Quand les enfants grandissent et deviennent des ados, **la question de l'autonomisation** revient. Je leur file des missions comme aller chercher leur petit frère à l'école, se faire cuire leur déjeuner tout seul. Je leur donne aussi une somme d'argent chaque début de mois pour leurs goûters. À eux de gérer leur argent. Pas de rallonge de notre part !

Delphine

Autonomie chez les ados veut dire aussi que c'est à eux de faire leurs lits, de ranger leurs chambres. À 15 ans, c'est comme ça. C'est le *deal* entre nous. Un soir par semaine, ce sont eux (à tour de rôle) qui préparent le dîner pour toute la famille. Ils aiment bien ça.

Astrid

Chambord
Loire
1515-1547
6 JUIN 1944

CHAPITRE 6

APPRENDRE À APPRENDRE

Maternelle, école primaire, collège, lycée et plus si affinités, l'école dans son ensemble peut être un lieu de joie, de peines, de découvertes, d'amitiés, de bonheur.

À l'école, ils apprennent à lire, à compter, à se faire des copains, à manger à la cantine, à avoir des punitions, à avoir des notes, à découvrir s'ils aiment plutôt les maths ou le français, l'histoire ou les sciences, le sport ou l'art... Ou tout à la fois !

Parfois, ils rapportent des devoirs à la maison, des poésies de La Fontaine, des théorèmes, des punitions, des ragots, des joies, des mots à signer.

Pour certains, l'école est un ravissement, un lieu d'épanouissement total. Pour d'autres, ce peut être un drame, un lieu où ils vont la boule au ventre.

Certains enfants vont apprendre vite, savoir compter jusqu'à 1 000 à 4 ans. D'autres auront besoin d'aide, de soutien, de patience.

En tant que parents, nous devons les accompagner dans ce long chemin des études qui leur donnera sinon un métier, du moins une voie.

En tant que parents, on a nos souvenirs, notre expérience, notre recul.

On doit les aider, les épauler, les rassurer. Et d'une façon générale, car, s'il y a l'école où ils se rendent, il y a aussi l'école de la vie. L'apprentissage en général.

Apprendre à compter, apprendre à connaître Picasso ou Monet, à savoir qui était président de la République en 2000... Alors, on fait comment pour apprendre à nos enfants à apprendre ?

Quand les devoirs coincent, jouez à la maîtresse d'école. Après lui avoir fait écrire sa leçon, inversez les rôles : c'est lui (elle) qui vous dicte et vous laissez des fautes. À lui de corriger et de mettre une note ! En ayant écrit, lu et vérifié... ça rentre. Et c'est drôle !

Sophie

Pour lui apprendre les couleurs, et à ranger sa chambre par la même occasion, je lui fais ranger ses jouets par couleur ! Double apprentissage !

Sandrine

Pour les entraîner à l'écriture, j'ai imprimé des textes (alphabet, chiffres ou prénom), puis je les ai mis dans des pochettes plastiques et hop ! Ça sert d'ardoise réutilisable avec des feutres Veleda®.

Julie

Pour que notre fils soit bien à l'école, nous avons inventé une école imaginaire où tout serait affreux. De cette manière, il a envie de retourner dans sa vraie école et la trouve sympathique, comparativement à l'école imaginaire. Dans celle-ci, les cours de récréation sont toutes petites, il n'y a que des enfants turbulents qui travaillent mal, donc ils ont des punitions, les professeurs ne sont pas gentils, etc. Ça fonctionne assez bien pour l'instant !

Delphine

J'utilise
des Playmobil®
ou des bonshommes Lego®
pour expliquer les cours d'histoire en primaire
(le clergé, le tiers état
et la noblesse, par exemple).

Audrey

Pour apprendre à compter :
quand on monte les escaliers,
on compte chaque marche.
Et on les redescend en récitant
l'alphabet !

Élyse

Pour apprendre l'alphabet, on a souvent
mis la chanson de Chantal Goya
« L'alphabet en chantant ». À 3 ans,
mon fils connaissait par cœur
la chanson, et donc l'alphabet !

Stéphanie

J'ai remarqué que l'on
passe pas mal de temps
aux toilettes, alors j'ai affiché
les tables de multiplication
sur les murs des toilettes. Radical !
À 7 ans, **ma fille connaissait ses tables jusqu'à 10 !**

Jessica

10 INFOS
À AFFICHER DANS SES TOILETTES

Les toilettes, c'est le meilleur endroit du monde pour apprendre des tonnes de choses ! D'abord, il faut TOUJOURS *laisser traîner des livres aux toilettes. Ensuite, il faut coller sur les murs des papiers avec des dates-clés, des mots-clés, etc. L'enfant, à force d'y passer du temps, finira par apprendre tout seul ! #WCPower*

1.
L'alphabet

2.
Les tables de multiplication

3.
Les dates-clés de l'Histoire

4.
Les noms des présidents de la Ve République

5.

Les noms de peintres avec des cartes postales représentant leurs œuvres

6.

Une carte du monde avec les pays écrits en GROS

7.

Les noms d'écrivains connus avec les titres de leurs œuvres

8.

Une frise chronologique

9.

Les noms des chefs-d'État actuels de plusieurs pays

10.

Des *Voici*, *Gala*, *Closer* pour la culture *pipeule*, c'est important (à mettre par terre, pas aux murs)

Pour rendre les calculs plus concrets et plus amusants (addition, soustraction, multiplication, division), j'utilise des jouets, des Kapla® ou des bonbons. C'est tout de même plus drôle que sur une feuille !

Lætitia

Quand ils ont du mal à apprendre une poésie un peu compliquée, on la transforme en chanson. Soit on la chante sur l'air d'une chanson qu'on adore, soit on en fait un rap. *Wesh wesh* ! Je peux vous dire que ça facilite l'apprentissage !

Hugo

Quand il bloque sur un devoir, on fait une pause. C'est tout bête, mais faire une pause, aller boire un verre d'eau, manger un truc, penser à autre chose, ça permet de reprendre sereinement...

Lydia

Pour encourager mon fils dans son apprentissage du latin, j'ai décidé de m'y mettre aussi, avec lui. Ça le booste terriblement, et ça m'amuse !

Constance

Pour que les devoirs ne soient pas trop longs, on met un temps de travail comme pour le temps de cuisson. Au-delà de ce temps (selon l'âge de l'enfant, 15 minutes, 30 minutes, etc.), on arrête. Devoirs faits ou non.

Sylvie

Je conseille à mes enfants de **toujours commencer les devoirs par la matière qu'ils aiment le moins**, et on garde le meilleur pour la fin !

Nicolas

Pour rendre les maths ludiques, je montre à mes enfants l'application en cuisine. On coupe des tomates en 2, en 4, on fractionne, on ajoute, on enlève, on mesure, on utilise des verres doseurs, on se rend compte de ce que sont des millilitres ou des litres, etc.

Pascal

On essaie de **rendre les sujets ludiques** en les emmenant au musée, ou voir un film sur la matière en question. Par exemple, s'ils étudient la préhistoire, on va aller au musée de l'Homme ou regarder *La Guerre du feu*. S'ils étudient une pièce de Molière en français, j'essaie de trouver un théâtre où ça se joue. Si c'est un roman, *Germinal* par exemple, ils le lisent et puis on regarde le film. On essaie de donner du sens à tout cela.

Anne

Sans les forcer évidemment, je demande parfois à mon grand qui est lycéen d'aider son petit frère à apprendre sa poésie ou à résoudre un problème en maths. **Ça motive le petit, ça fait plaisir au grand qui est dans son rôle**. Parfois, entre enfants, ça va plus vite !

Kareen

Pour que mes enfants aient une vision plus large du monde de l'entreprise que le stage de troisième, je leur fais faire des stages en entreprises d'un mois à partir de l'été de troisième. Il suffit de demander une convention à l'établissement ! Ainsi, ils font 4 à 5 stages dans des endroits différents, ça les aide !

Dina

Un soir sur deux, ils font leurs devoirs avec des camarades de classe à la maison ou chez le copain/copine. **À deux, c'est plus rigolo !**

Isabelle

En vacances, **pas de cahier de vacances, mais des livres !** On décide même parfois de lire le même livre afin de pouvoir échanger. Même si l'enfant a 8 ans !

Élodie

Plutôt que de regarder sur Internet, je force mes enfants à regarder dans un dictionnaire. À l'ancienne ! Finalement, c'est chouette et on découvre aussi des tas de trucs en feuilletant les pages. Ils découvrent des mots nouveaux (et nous aussi !).

Louis

C'est idiot mais, parfois, ça marche (psychologiquement parlant) : s'ils ont un contrôle, je mets le cahier sous leur oreiller et je leur dis que ça va rentrer dans leur tête. Évidemment, c'est faux, mais, inconsciemment, **ça les motive** !

Frank

Lorsque j'étais étudiante, je travaillais mieux sur mon lit. Mes parents râlaient. Et pourtant, j'ai réussi tous mes examens. Maintenant que je suis maman, **je laisse mes enfants se mettre dans des positions bizarres pour travailler** (par terre, allongés, en silence ou en musique). Après tout, chacun sa méthode !

Valérie

Ma fille de huit ans oubliait régulièrement d'accorder les verbes au pluriel. Pour l'aider, j'ai mis au point une chorégraphie (inspirée de mes cours de zumba !) que nous répétons ensemble tous les lundis matin, jours de dictée : c'est la chorégraphie du "ENT". On ne peut pas dire que les paroles sont très originales ("Tu vas mettre ENT, hey, tu vas mettre ENT, hey, tu ne vas pas oublier, hey, tu ne vas pas oublier"), ce n'est pas franchement mon meilleur texte, mais ça marche ! Depuis, ma fille a des "Très Bien" en dictée !

Lætitia Colombani, autrice

Mon fils a raté son bac. **Plutôt que de le blâmer** (il était dans un triste état), je lui ai dit que des grands hommes comme Malraux, Cocteau ou Zola ne l'avaient pas eu non plus. Ça l'a amusé et il s'est motivé pour le rattrapage.

Bernard

Pour leur apprendre l'anglais, depuis leur plus jeune âge, mes enfants regardent les dessins animés en anglais. Un peu rude au départ, mais c'est génial ! Quand ils commencent à savoir lire, ils apprennent en lisant les sous-titres.

Paola

Mon enfant de 7 ans n'aimait pas lire, du moins, il le disait. Alors, on s'est inscrit à la bibliothèque et on en a fait une sortie marrante. À chaque fois, on y allait en trottinette, je lui offrais une glace, etc. J'ai mis en place un rituel pour associer lecture et plaisir.

Guy

Pour motiver ma fille à écrire, je lui ai créé un blog (privé), sur lequel elle raconte ce qu'elle veut. J'allie donc l'écriture et la modernité et ça lui plaît tant qu'elle ne peut plus s'arrêter Ensuite, on relit tout ensemble, on corrige les fautes de syntaxe ou d'orthographe et, si elle est d'accord, on envoie le lien à ses grands-parents. C'est comme un journal « intime » version 2.0.

Lise

Le bain est le moment préféré de ma fille alors, comme elle est détendue, on en profite **pour apprendre la poésie**.

Justine

“J'emmène mes enfants une fois par semaine au musée, même voir une seule toile !”

Éliette Abécassis, autrice

10 FAÇONS D'APPRENDRE DE FAÇON FUN

Apprendre à compter, à lire, à connaître ses dates d'histoire et ses définitions de maths. Parfois, ça coince. Pas de panique !

1.

On leur fait apprendre l'air de rien. En comptant les voitures dans la rue, le nombre de pâtes dans l'assiette…

2.

Pour apprendre les additions, les soustractions, les multiplications, les divisions, on utilise du concret comme des bonbons. Tu as 10 bonbons, j'en enlève 2, hop, il en reste… 8 !

3.

On rend les leçons d'histoire plus glamour avec soit à l'aide de vidéos YouTube, soit en se rendant sur les lieux étudiés (château de Versailles, musée de la Préhistoire, etc.)

4.

On les autorise à ne pas se mettre forcément à leur bureau. S'ils apprennent mieux dans leur lit, après tout…

5.

On les abonne à un magazine d'actualité pour les enfants. Ça permet de garder un œil sur le monde et de les ravir, car ils reçoivent chaque semaine LEUR magazine !

6.

On fait des jeux de société comme Trivial Pursuit Junior. Tout est bon à prendre et à apprendre !

7.

On apprend la poésie en rappant.

8.

On apprend avec eux. Si un enfant se met à l'espagnol, osons apprendre cette langue avec eux. Hyperstimulant !

9.

On leur avoue que, nous, on n'était pas forcément bons élèves non plus !

10.

On leur fait confiance en leur demandant s'ils préfèrent faire leurs devoirs avant ou après le bain. Il s'agit aussi d'autonomie.

Je donne des moyens mnémotechniques à mes enfants pour retenir certaines choses. Par exemple, pour se souvenir des noms des pays frontaliers de la France, je leur ai appris le mot BLASIE (Belgique, Luxembourg, Allemagne, Suisse, Italie, Espagne).

Jessica

Je colle sur le frigo, les dates-clés comme « 800 : couronnement de Charlemagne », ou « 1789 : révolution française » ou « 1914-18 : Première Guerre mondiale », etc.

Sophie

J'ai inventé un jeu... Ça s'appelle « Question pour un gros c*** ». Chaque soir, je pose des questions de culture générale à mes enfants. Pour le plus petit, ça va être « Qui est le meilleur ami de Tchoupi ? », pour celui de 6 ans, ça peut être « Cite-moi six légumes verts » et, pour les plus grands, « Donne-moi le nom de quatre mers » ou « Qui était la première femme à devenir Premier Ministre ? » **J'invente des questions et on joue chaque soir** ou presque entre le gratin de chou-fleur et la mousse au chocolat !

Jessica

On a remarqué que, depuis que l'on joue à des jeux de société avec notre fils, **il se concentre beaucoup mieux à l'école**. Alors le samedi, on joue en famille ! Un chouette moment !

Hugo

Pour rendre la leçon plus facile et plus intéressante, j'invente des histoires autour de celle-ci. Cela peut être Monsieur Dragon qui avale 5 crocodiles et 4 poules, ce qui fait… 9. On décline ça à l'infini, quelle que soit la matière !

Valérie

Je suis dans l'encouragement tout le temps ; mon mari dit que j'en fais trop, mais encourager, féliciter mes enfants les rend, je crois, plus forts. À chaque réussite scolaire (ils sont en primaire), un bon point que je fabrique. Au bout de 10 bons points, ils ont droit à une glace ou à un bonbon. En revanche, en cas de mauvaise note, je leur dis que ce n'est pas bien grave, qu'ils feront mieux la prochaine fois. Surtout, je ne veux pas les casser. Évidemment, il faut que le travail soit fourni !

Léa

En CP, mon fils avait du mal à écrire sur une feuille. Cela le pétrifiait. Un jour, dans la voiture, je l'ai vu écrire son prénom sur la buée de la vitre. Alors, on a continué de lui faire faire ses lignes comme ça, pendant quelques semaines, sur la buée des vitres de la salle de bains ! Ce n'était pas évident, mais ça l'a débloqué.

Johanna

Un peu d'huile essentielle de romarin sur les poignets de l'enfant ou sur un mouchoir qu'il respire, et **il arrivera à mieux se concentrer** ! Testé et approuvé ! (Attention, renseignez-vous auprès de votre médecin avant d'en donner à vos enfants !)

Léna

Je donne un bon point à chaque bonne note. Au bout de 10 bons points, mes enfants reçoivent une carte magique et un petit cadeau (ça peut être juste un bonbon, mais symboliquement, c'est fort pour l'enfant).

Fabienne

Pour apprendre des poèmes ou des textes par cœur, j'ai une technique géniale que j'ai transmise à mes enfants. On note les premières lettres de chaque mot sur une feuille en respectant la ponctuation. On relit cette feuille et le cerveau, magique, fait qu'on se souvient du texte.

Jules

Je passais mon temps à m'énerver contre ma fille au moment des devoirs. Ça nuisait à notre relation alors, une à deux fois par mois, je fais venir un prof qui l'aide. Notre relation est plus épanouie ainsi. C'est un certain budget, mais je le prévois en début de mois.

Judith

J'apprends la poésie en même temps que mon fils et c'est lui qui m'interroge.

Arnaud

Mon fils avait la hantise de l'école. Il s'en rendait malade. J'ai mis en place un rituel le soir : chaque veille d'école, on en parle, on visualise ce qu'il va se passer le lendemain, les super copains, la super maîtresse, la chouette cantine, et il dessine tout ça. Et puis, on fait entrer les paillettes, du courage le matin même. Ça l'aide vraiment.

Joséphine

1001 CHOSES QU'ON PEUT APPRENDRE EN DEHORS DE L'ÉCOLE

Il y a l'école mais pas que, et heureusement ! Il y a des enfants scolaires, d'autres moins et heureusement aussi.
À l'école, on apprend des tonnes de choses, à lire, à compter, à savoir qui était Louis XVI. Mais il y a aussi tout le reste que nous, les parents, pouvons (devons ?) apprendre et transmettre.

- Le respect de l'autre
- L'amour de son prochain
- La curiosité
- Le gobage de Flamby® (trèèèès important)
- L'ouverture d'esprit
- La folie
- Comment ranger sa chambre
- Faire la différence entre un tableau de Picasso et un tableau de Rembrandt
- Les voyages
- Les jeux de société
- Le vélo
- La natation
- La curiosité
- Le rire
- Le sens de l'amitié
- Le fait que tout est réalisable
- Le droit de pleurer
- Le devoir de s'amuser
- Le bonheur de peindre
- Le théâtre
- Le goût des livres
- La responsabilisation
- Le remplacement du rouleau de PQ quand y'en a plus
- La fierté d'appartenir à un clan, à une famille, à un beau pays...
- La chanson, de Brel à Angèle, en passant par Elton John
- La danse
- Le goût des belles choses
- Le goût du bonheur
- Les câlins
- L'art
- La musique
- La poésie
- L'échange

Et tout le reste.

POPS

CHAPITRE 7

S'ORGANISER

La règle d'or des parents, c'est l'anticipation et l'organisation !

Avec un, deux, trois, quatre ou plus d'enfant chez soi, on ne peut plus improviser et faire « comme on le sent ».

On doit se souvenir des dates-clés des vaccins, de la rentrée, des cours de judo ou de chinois, etc.

MAIS AUSSI... être à l'heure le matin à l'école, les coucher le soir, gérer leur consommation de portable, booker la baby-sitter, faire les machines, le repassage, les valises lorsqu'ils partent avec nous ou en colo, mettre les vêtements trop petits dans des cartons, en acheter d'autres... Oui, être parent, c'est penser à tout. À TOUT.

Une bonne gestion des choses peut éviter bien des débordements, bien des stress.

Alors, c'est bien joli tout ça, mais concrètement, à part se greffer des alertes de rappels, on fait comment pour ne pas être débordé ?

On respire, on souffle, on lit de bonnes astuces !

Ça va aller. ÇA VA ALLER !

On m'avait prévenu : la poussette, le porte-bébé, le lit parapluie sont très compliqués à maîtriser. Alors, pendant mon congé maternité, je m'entraînais tous les jours. **J'étais devenue la championne du dépliage, pliage quand bébé est né !**

Rosalie

Quand j'allaitais mon bébé, **je ne me souvenais jamais quel sein j'avais donné en dernier**. Je mettais un élastique à cheveux autour de mon poignet du côté du dernier sein. Impossible de se tromper après !

Jessica

On prépare les menus de la semaine à l'avance pour ne pas avoir à se poser la question chaque soir de ce qu'on va donner à manger aux enfants. Le dimanche soir, on vérifie qu'on a tout ce qu'il nous sera utile pour faire les repas. S'il manque quelque chose, on commande sur Internet, on se fait livrer et on perd moins de temps !

Bertrand

Ça peut paraître impoli, mais, lorsque j'ai eu mon quatrième enfant, j'ai dit aux gens ce dont j'avais besoin ! **Autant faire des cadeaux utiles.**

Sophie

J'étais vraiment fatiguée lorsque j'ai eu ma seconde césarienne et pour éviter que les gens viennent sans prévenir à l'hôpital voir le bébé, j'ai demandé aux infirmières de mettre un panneau sur la porte « Maman fatiguée, merci de revenir ».

Jessica

Pour leur apprendre à bien ranger leur chambre, j'ai énormément utilisé la méthode Montessori, le dialogue... et puis les menaces, beaucoup.

Serena Giuliano, blogueuse et autrice

Pour mes enfants les plus jeunes, je fais des photos de ce qu'ils doivent mettre dans leur cartable. J'accroche la photo au mur et, comme ça, **ils sont capables de vérifier seuls si le sac est complet**. (Je fais ça pour les sacs d'école, de danse, de judo, etc).

Arthur

Quand on allaite, parfois c'est long, très long. Pareil avec le biberon, on a les mains prises donc on ne peut pas faire grand-chose d'autre, parfois pendant plus d'une heure. Je me suis abonnée à une appli de podcasts, notamment sur la maternité, et j'ai écouté ça des heures durant en nourrissant mon bébé.

Élodie

Au lieu d'acheter un réducteur de bain quand bébé n'a plus voulu de l'anneau de bain, j'ai acheté une minipiscine gonflable que je peux réutiliser partout.

Laura

On a établi un « kiffoscope » : un tableau avec les tâches que chacun doit accomplir dans la maison. Pour le plus petit, ce sera de ranger sa chambre, les plus grands, de promener le chien, de débarrasser la table, etc. Ce sont des devoirs mais, sous le mot kiff, ça les amuse.

Géraldine

L'été, je loue des maisons. **Plutôt que de tout fourrer dans ma voiture**, je me fais livrer le lait et les couches sur place !

Olivier

Quand on va quelque part où je sens qu'on va attendre (pédiatre, restaurant...), je prends TOUJOURS des crayons et des feuilles blanches. **Mes enfants ne s'ennuyent pas comme ça !**

Marie

10 RAISONS POUR LESQUELLES ON N'A PAS LE TEMPS DE RAPPELER QUAND ON EST DES PARENTS

Difficile parfois de répondre au téléphone avec des enfants dans les pattes. Parfois, on met 2 semaines à répondre à un SMS, l'autre se vexe, ne comprend pas que notre organisation est, comment dire… complexe ! Explications.

1.

T'as déjà essayé d'avoir une conversation téléphonique à 19 h 12, juste au moment où tu dois donner à manger à 4 enfants affamés et bavards ?

2.

T'as déjà essayé de papoter avec ta mère qui te raconte sa *life* par le menu alors que tu changes une couche ?

3.

T'as déjà été à l'écoute de ton(ta) meilleur(e) ami(e) qui vient de rompre pendant qu'un nain hurle : « Maman vient m'essuyer, j'ai fait cacaaaaaaa ! » ?

4.

T'as déjà essayé de reprendre des mains de ton enfant de 18 mois ton smartphone plein de bave ?

5.

T'as déjà essayé de taper la touche 1 pour payer ta facture d'électricité et de rentrer ton code de Carte Bleue alors que tu ne sais même plus quel âge ont les 4 mômes qui te font face ?

6.

T'as déjà essayé de parler vers 23 heures à ta pote tout en donnant le biberon ou le sein à bébé ?

7.

T'as déjà essayé de trouver du temps entre les enfants, les repas, le boulot, les machines, le repassage pour papoter avec un ami ?

8.

T'as déjà essayé de mener une conversation quand tes enfants chantent : « Ah qu'est-ce qu'on est serrées au fond de cette boîte, chantent les sardines, chantent les sardines » à tue-tête ?

9.

T'as déjà essayé de rappeler pour de vrai ton pote dans la demi-heure comme tu l'avais promis : « Ch'te jure, je couche les enfants, ch'te rappelle promiiiiis » ?

10.

T'as déjà essayé de t'enfermer dans les toilettes en pensant que ENFIN ce serait THE place pour téléphoner sans être dérangé(e) lorsque, derrière toi, caché derrière des rouleaux de PQ, tu as vu ton bébé de 18 mois en train de se laver les dents avec le balai brosse ?

SALETÉ DE CHARGE MENTALE

On a beaucoup parlé de la charge mentale et puis moins. Comme si elle avait disparu dans un pays imaginaire, celui où il y aurait aussi les chaussettes perdues.

Oui, les chaussettes ont disparu, mais la charge mentale, elle, non.

Petit rappel pour celles et ceux qui l'ignorent : la charge mentale concerne beaucoup (principalement) les femmes. C'est l'ensemble des choses auxquelles une femme (en général, une maman) doit penser. Ces choses qui la tiennent en haleine parfois tard dans la nuit, ces détails peu croustillants qui font partie de l'organisation de la vie de la famille.

Réunion scolaire, payer la cantine, penser à acheter des courgettes, inscrire le petit au judo avant le 21, inscrire la grande à la danse avant vendredi, préparer des gâteaux pour l'école, retrouver les affaires de ski, faire du rangement, aller bosser, mais ne pas rentrer trop tard pour faire les devoirs avec les enfants, assurer le chien, offrir un cadeau pour les 70 ans de la belle-mère, organiser les vacances d'été, vacciner le petit, vacciner le chien, penser à la cagnotte Leetchi® de Raoul, réserver les cours de ski, annuler le dentiste, aller bosser, déposer les chaussures chez le cordonnier, défaire et refaire les lits, remplir le frigo, penser à téléphoner à la maîtresse pour lui dire que le petit a la varicelle, inviter des amis à dîner, organiser les cours de natation du dernier, changer les cartouches dans l'imprimante, déclarer l'assistante maternelle, changer de fer à repasser, faire le tri des affaires d'hiver… blablabla.

Ceci n'est évidemment pas réservé aux femmes, les hommes peuvent en être atteints mais, sans vouloir me faire des ennemis, je constate que cette charge envahit surtout les cerveaux féminins. La faute à pas de chance.

La charge mentale nous fatigue, nous irrite, nous angoisse. Alors on fait quoi ?

On essaie de s'organiser, de déléguer, de donner des missions aux uns et aux autres, de mettre à contribution. Petit à petit, on essaie de décharger.

On S'ORGANISE. Par exemple, on fait des listes des trucs à faire par ordre de priorité. En haut, les trucs vraiment incontournables, en bas, les trucs qui peuvent attendre 1 semaine, 1 mois, 3 mois !

FILER DES MISSIONS À CHACUN

Qui dit organisation dit tout le monde y met du sien ! On peut faire une roue de missions, par exemple, avec les prénoms des membres de la famille ; ou, plus simple, un calendrier des missions de chacun jour par jour.

- Mettre la table.
- Débarrasser la table.
- Donner à manger au chat.
- Promener le chien.
- Mettre un papier à la poubelle (mission préférée des enfants entre 12 et 24 mois).
- Lire une histoire à son(sa) petit(e) frère(sœur).
- Faire un câlin à maman (l'air de rien, ce n'est pas une mission, mais ça fait plaisir).
- Ranger sa chambre (ahhhhaaaaaa).
- Faire son lit.
- Brosser le chien.
- Descendre la poubelle (la mission qui pue).
- Rester sage dans son panier (ça, c'est pour le chien).
- Aider son(sa) petit(e) frère (sœur) à faire ses devoirs.
- Préparer le repas.
- Faire le tri dans les vêtements et les ranger par taille.

Et bien d'autres ...

Lorsque je sors le linge du sèche-linge, j'ai un bac pour le linge et un autre spécial chaussettes. Comme ça, dans la masse des chaussettes (j'ai 6 enfants), je m'y retrouve et je n'en perds presque jamais !

Lara

Sur 4 enfants que j'ai, il y a toujours un à qui il manque une colle, une gomme, un crayon à papier. Alors, une fois tous les deux mois, **je remplis ce que j'appelle le « tiroir à fournitures »** avec des feuilles, des colles, des crayons, des cartouches, etc. Les enfants n'ont qu'à piocher. C'est pratique et ça évite la panique le dimanche soir à 20 h 30 « Papa, j'ai plus de colle ».

Stéphane

Je suis un peu une maniaque du rangement. Du coup, ça me rend dingue, avec cinq enfants à la maison, quand ce n'est pas rangé ! J'ai décidé de lâcher prise : une fois par semaine, je ne range rien, je ne m'énerve pas, je ne fais pas de machine, etc. **Ça fait du bien au moral !**

Justine

J'ai une immense nappe spéciale, la « nappasale », que je déroule dans mon salon lorsque les enfants font de la peinture, des dessins, et **ça leur donne un espace délimité !**

Jules

Je tiens un *bullet journal* de mes objectifs et des tâches à faire dans la maison. Ça me motive de cocher les choses faites ! Et puis, quand je relis tout ce que j'ai fait à chaque fin de semaine, je suis assez fière et **ça m'aide à m'organiser, à avancer !**

Naïma

Je fais mes courses en ligne. Cela n'a l'air de rien, mais c'est un gain de temps dingue et, quand on est parent, c'est important ! Idem pour les courses de la rentrée scolaire, il y a des super applications sur lesquelles je poste la photo des fournitures et on me livre tout… et ça ne coûte pas plus cher !

Madeleine

J'achète des alaises pour incontinents que je transporte avec moi quand je suis en vadrouille. **Cela évite de mettre du pipi et caca** partout quand je change bébé. Et ensuite je peux les jeter !

Valériane

Dans la période d'apprentissage de la propreté la nuit, j'alterne les étages de draps et les couches imperméables. De cette façon, on n'a plus qu'à enlever le drap mouillé et la couche protectrice si l'enfant mouille son lit. Il retrouve presque immédiatement un lit tout propre et se rendort vite (et vous aussi !).

Mathilde

Pour ne pas perdre les chaussettes des enfants qu'on égare tout le temps, lorsque les enfants les enlèvent, je les accroche entre elles avec une pince à linge et, hop, à la machine ! Je n'ai plus de chaussettes orphelines.

Valérie

Je prépare
les habits des enfants
la veille au soir pour
le lendemain. C'est un truc
tout bête, **mais on gagne
du temps** ! Et ça évite
de se stresser de bon matin.
Idem pour les affaires d'école,
les mots à signer, etc.

Olivier

Quand
on fait un long
trajet, on prend plein
de jouets des enfants, mais
on ne sort pas tout en même
temps. Un ou deux par heure.
Comme ça, à chaque heure, **ça
leur donne un sentiment
de surprise,
de renouveau !**

Sarah

**Je commande
les couches
et le papier toilette
par centaines** et je range
tout dans un placard.
Comme ça, je ne suis JAMAIS
en panne !

Dominique

Parfois, **je les fais dormir habillés** (en jogging) pour que, le lendemain, ils soient déjà prêts (quand on se réveille tôt pour aller à l'aéroport ou à la gare, par exemple).

Audrey

Le matin, lorsque je range les pyjamas, je les mets tout de suite près de la baignoire, comme ça, c'est prêt pour le soir après le bain. **Ça a l'air de rien, mais c'est un gain de temps.**

Lorène

Mes enfants grandissent trop vite alors, lorsque les pantalons deviennent trop courts, hop, je coupe pour en faire des shorts !

Julie

Si on doit quitter la maison à 8 h 15, je fais sonner mon alarme à 8 h 10 pour dire aux enfants « 10 minutes avant le départ » afin qu'ils s'activent un peu ! **Le compte à rebours marche toujours.**

Gabriel

Le matin, **on est méga-pressés et ils sont longs pour s'habiller**. Alors, je les motive : « Moi, je parie que tu (t'habilles, te déshabilles, mets tes chaussures, etc.) en 17/25/3 secondes. Et toi ? » Et on compte...

Adèle

J'ai toujours un porte-bébé avec moi quand je voyage. Dans le train, l'avion ou en visite, c'est essentiel pour avoir les mains libres et l'endormir.

Marie Faure-Ambroise, blogueuse et fondatrice du site MyTravelDreams

10 ASTUCES POUR QUE TROIS ENFANTS S'HABILLENT EN UNE MINUTE

Allez, on se lance un défi d'autonomie ! Vivre en accéléré le temps d'une matinée. Tout doit commencer par un réveil rapide des 3 enfants, un verre de lait avalé en même temps qu'une tranche de brioche et puis, enfin, le moment de les habiller. Et là.

1.

La méthode : débrouille-toi, mets ce que tu veux.

2.

La méthode « dodo ailleurs » : chez Mamie, chez Tonton & Tata. Comme ça, c'est pas moi qui les habille. Héhé.

3.

La méthode pyjama : on reste en pyjama toute la journée. Mmmmmmmmm...

4.

La méthode « Maman a mal aux poignets » : maman essaie de tout faire en 1 minute et se chope une entorse. Un habillage-elbow.

5.

La méthode « à poil » : bah oui, pourquoi pas ?

6.

La méthode « été en hiver » : parce que c 'est plus rapide de s'habiller en été qu'en hiver tout de même. Donc OUI au short par -5 °C.

7.

La méthode « queue leuleu » : chacun habille l'autre.

8.

La méthode « veille pour le lendemain » : on les couche habillés, comme ça, le matin, c'est déjà fait.

9.

La méthode « militaire » : « Au garde à vous ! Punition si pas fringués en moins de 20 secondes. »

10.

La méthode « remettre au lendemain » : prendre son temps, ne pas les stresser, laisser tomber les chalenges pourris.

À la plage, à l'âge où bébé crapahute partout, je prends une petite piscine gonflable qui va servir de parc sur la plage !

Marie Faure-Ambroise, blogueuse et fondatrice du site MyTravelDreams

En vacances, je n'avais pas de baignoire alors j'ai pris un panier à linge que j'ai placé dans la douche et le tour était joué !

Sonia

Pour savoir quand je dois faire les vaccins de mes enfants, je demande au pédiatre de noter au crayon de papier les dates dans le carnet de santé. Puis je les recopie en ÉNORME sur mon frigo et dans mon agenda.

Elizabeth

À la longue, les enfants accumulent beaucoup de petites pièces, de chapeaux Playmobil®, de briques Lego® de toutes les couleurs, de pierres, d'élastiques et de morceaux de bijoux qui se retrouvent tous pêle-mêle au fond d'un tiroir. Pour que les jouets soient intéressants plus longtemps, **on peut les ranger par collection**. Je les mets dans des bacs à glace.

Louison

Quand je fête les anniversaires de mes enfants et que leurs copains les inondent de cadeaux, j'en planque certains pour les distribuer au fur et à mesure. Pour que le plaisir soit prolongé.

Hugo

Avant de partir en voyage, je prépare un sac à surprises. Dans un pochon en tissu, on met des jouets et des livres qui lui appartiennent. Au fur et à mesure du voyage, on les sort pour qu'il s'amuse et soit heureux de retrouver SES jouets.

Marie Faure-Ambroise, blogueuse et fondatrice du site MyTravelDreams

J'ai un placard à cadeaux. J'achète durant les soldes plein de choses pour enfants et comme ça **lorsque mes enfants sont invités à des anniversaires**, j'ai déjà tout ce qu'il faut !

Julia

Je fais les courses de vêtements uniquement durant les soldes. Je prends toujours plus grand, comme ça, **mes enfants ont déjà des vêtements pour les saisons à suivre** et moi j'ai fait des économies !

Nora

Le matin, j'ai cinq alarmes avec des musiques différentes : pour le réveil, les dents, les chaussures, le manteau, passer la porte. Ça m'évite d'avoir à me fâcher, ils savent ce qu'ils doivent faire quand ils entendant la musique. Depuis un an que j'ai ce système, plus d'hystérie le matin, plus aucun retard à l'école !

Anne

J'utilise des minisabliers pour déterminer des temps calmes, des temps de jeu dans la chambre, des temps pour réfléchir en cas de bêtise, ou le temps qu'il reste le matin avant de partir pour l'école/la nounou. J'en ai quatre : de 1 minute, de 3 minutes, de 5 minutes et de 10 minutes. Cela marche vraiment, même sur ma dernière depuis qu'elle a 1 an et demi.

Fatima

La chambre de ma fille est tellement mal rangée que l'on ne sait plus où mettre les pieds. Lorsqu'elle a perdu sa dent, la petite souris lui a laissé un mot pour lui dire que la chambre n'étant pas rangée, elle n'avait pas réussi à se frayer un chemin jusqu'à la boîte à dents ; elle espérait pouvoir repasser d'ici 2 jours pour prendre son dû et lui déposer une pièce. Magique, elle a rangé !

Jennifer

J'ai (presque toujours) des ballons de baudruche dans mon sac... Très pratique pour l'occuper dans ces moments où tu es à l'extérieur et que tu as besoin de 10 à 15 minutes pour un RDV, discuter avec quelqu'un tranquillement... Cela fait toujours son effet lorsque je les lui sors.

Alice

10 CHOSES DONT ON A BESOIN AVEC UN NOUVEAU-NÉ

Il est né le divin enfant. Outre l'amour, la joie et les câlins, de quoi a-t-on besoin pour un nouveau-né ?

1.

Une machine à laver.

Qui marche et tourne en permanence.

2.

Du temps tout court, parce que c'est sport, non ?

3.

Du calme.

OK, ça ne s'achète pas quelque part ?

4.

Des couches.

Par milliers.

5.

Du lait.

Qu'on allaite ou pas, le lait, c'est non-stop. Un peu comme les couches, quoi.

6.

Du temps de cerveau disponible.

Ce qui n'est pas évident quand on vient d'accoucher !

7.

Un tee-shirt par demi-heure.

Pour la mère et l'enfant.

8.

Un mode d'emploi facile et clair pour (enfin) comprendre comment fonctionne la poussette.

9.

Du stop aux conseils foireux de l'entourage.

Ah, ça ne s'achète pas ? !

10.

Du sommeil.

Vraiment. Dormir quand bébé dort. Vraiment. Ça s'appelle de la survie.

Quand mes enfants partent en colonie de vacances ou en classe verte, pour que ce soit plus simple pour eux, je mets pour chaque jour dans un petit sac (type sac de congélation) une paire de chaussettes, une culotte et un tee-shirt. Ils n'ont plus qu'à ouvrir le sac, mettre ce qui est dedans et ajouter un pantalon, un short ou une jupe.

Olivia

Près du téléphone de la maison, il y a un Post-it® avec les numéros à connaître (police, Samu, pompiers) et, juste au-dessous, notre adresse avec le code, l'étage, etc. En cas de panique, en cas d'urgence, j'ai appris à mes enfants à faire ces numéros et, à ceux qui savent lire, à tout de suite dire où on habite afin de faciliter l'arrivée des secours. Dans la panique, parfois, on oublie ces choses. Il y a aussi un autre Post-it® avec nos numéros à nous et ceux des grands-parents.

Émilie

J'ai quatre enfants, donc **je suis obligée de m'organiser un peu pour les repas**, sinon ça vire au drame. Pour prendre de l'avance, souvent j'épluche et je cuis des pommes de terre en avance pour ensuite en faire des frites, de la purée, un gratin, etc. C'est toujours ça de gagné !

Clémence

J'ai cinq enfants, alors **je suis obligée de prévoir les repas du soir** (le midi, c'est cantine). On fait comme à l'armée, on a une semaine type. Lundi brocolis/poulet, mardi/pâtes, etc. Un jour par semaine, en général le dimanche, on improvise !

Fabienne

Je réserve les billets pour les parcs d'attractions hyper en avance, les concerts avec les enfants, idem. Cela nous coûte moins cher et, au pire des cas, je les revends sur un site de revente.

Johanna

4 enfants = beaucoup trop de linge. J'étends les chemises et les polos sur des cintres après avoir tiré sur les cols et les manches pour défroisser et zappe le repassage. Pour le reste, tout ce qui passe au sèche-linge, dès que le programme est terminé, je tire également sur les vêtements encore légèrement humides.

Sophie Henrionnet, autrice

Je ne suis pas hypergrande, 1,65 m, alors lorsque je m'achète une chemise ou un pull sympa, j'en fais profiter ma fille de 10 ans qui les porte en robe agrémentée d'une ceinture. C'est hypermode et **ça évite d'acheter deux fois plus de trucs !**

Tatiana

10 CHOSES À NE PAS OUBLIER DANS UNE VALISE QUAND ON PART AVEC DES ENFANTS

Quoi de plus compliqué (si ce n'est le théorème de Pythagore) que de faire une valise quand on a pleiiiiin d'enfants ? Il faut plein de valises, plein d'heures devant soi, plein de mains, plein de cerveaux. Et puis, il faut appeler sa mère/sa sœur/sa meilleure amie/son pédiatre pour être sûr de ne rien oublier. Et surtout, il faut sortir sa liste magique des « trucs à ne pas oublier ».

1.

Des fringues.

Logique. Mais comme on ne sait jamais quel temps il fait, il faut des tonnes de fringues pour les enfants. Maillots, K-Way®, pulls, sandales, bottes, pyjamas chauds, chapeaux, etc. Et pour bébé, des bodys à manches longues/courtes/pas de manches...

2.

Des jouets.

Leurs jouets. Oui, car les gosses sont comme ça : attachés à leurs trucs. Impossible de les entourlouper.

3.

Des crayons, des feuilles, du scotch, des radis (on sait jamais).

4.

Un i-machin.

Pour éventuellement les occuper dans l'avion/le train/la voiture.

5.

Pour bébé : toute sa chambre et aussi la cuisine (et aussi la pharmacie qui fait le coin de la rue).

Sauf si on sait qu'on reste dans un pays où on va tout trouver (ce qui n'est JAMAIS garanti).

6.

Les poissons rouges. Ou pas.

On les laisse seuls avec l'espoir qu'ils ne s'en sortent pas.

7.

Le cartable.

Si devoirs il y a. Pas le choix.

8.

Brad Pitt ou Cindy Crawford.

Ceci n'est pas forcément utile pour les petits, mais bon, ça peut toujours servir pour d'autres, hein.

9.

Des copains/copines.

C'est souvent plus cool les vacances avec des potes.

10.

De la joie.

ASTUCES
ASTUCES

CHAPITRE 8

LES ASTUCES INCLASSABLES

Lorsque l'on demande aux parents leurs trucs et leurs astuces, parfois on est surpris par l'originalité de leurs réponses.

Parce que chaque famille a ses codes, ses petits « trucs » et parce que chaque enfant est différent, on découvre des astuces totalement inclassables.

Alors, on les a mises là, comme ça parce qu'on les adore !

ASTUCES
5*****

Ce n'est pas très glamour mais, **lorsque ma fille a une gastro**, pour éviter la nuit que ça « déborde », je couds deux couches ensemble dans la largeur.

Ilana

Lorsque mes enfants ont appris à manger seuls, je mettais une nappe jetable sous leur chaise haute afin d'éviter d'en mettre partout. Et ensuite, à la poubelle !

Valérie

Pour laver les Lego® et Playmobil®, je les mets tous dans un filet de linge, puis à la machine à laver programme à 30 °C. Désinfectés et propres !

Rebecca

Couper une frite de piscine pour en faire un protège-porte afin que **l'enfant ne se coince pas les doigts** !

Lou

Si vous « perdez » votre enfant lors d'une promenade, cherchez-le avec le soleil dans le dos : instinctivement, un enfant ne marche pas le soleil dans les yeux.

Anne

Je mets de l'*aloe vera* pur sur leurs cheveux mouillés de mes enfants. **Ça aide à démêler**, ça rend les cheveux beaux et forts, et surtout il n'y a aucun produit chimique !

Julie

À Noël ou aux anniversaires, **quand ils voient un peu trop grand**, on leur dit : « OK, mais on n'ira pas au ski et/ou pas en vacances cet été. » Après réflexion, ils tombent vite d'accord qu'un plus petit cadeau et des vacances, c'est mieux.

Estelle

Pour couper les longs ongles d'un nouveau-né, jamais de ciseaux, je lui « rongeais » les ongles ! Ça évitait qu'il se fasse mal.

Jessica

Quand mon fils m'a demandé si le père Noël existait vraiment et qu'il était temps pour lui de le savoir, je lui ai expliqué que les légendes disparaissent si plus personne n'y croit. Je l'ai donc nommé gardien de la légende du père Noël afin qu'il transmette à son tour la légende aux plus petits (et, accessoirement, qu'il ne balance pas tout à sa petite sœur).

Anne-Lyse

Régulièrement, on échange les rôles. Ils sont les parents et nous les enfants. C'est assez drôle de voir comment les enfants nous perçoivent, et cela permet un échange très intéressant.

Corinne

Pour contrer l'ennui, créez une boîte à idées. Faites écrire ou dessiner des activités ou des jeux que l'enfant peut faire seul sur de petits papiers. Sortez la boîte dès que vous entendez « Je m'ennuie ! » et tirez un petit papier au hasard.

Nanou

S'il ne veut jamais arrêter de jouer à sa tablette/console quand on lui dit d'arrêter… Mener une discussion avec lui et déterminer une solution gagnant-gagnant (négociation) qui définit le nombre de jours d'usage de la tablette, quels jours, le temps d'usage, le moment dans la journée. Poser un cadre avec lui autour de l'usage de la tablette en réalité ! Le fait qu'il ait participé à son élaboration a toutes les chances de le faire coopérer dorénavant (Ps : le noter/dessiner sur un tableau avec lui sera un +).

Ève Aboucaya, coach et formatrice spécialisée en parentalité et communication positive

Je mets un peu de Maïzena dans l'eau du bain de mes enfants, ce qui adoucit l'eau et réduit les effets du calcaire qui assèche la peau des bébés et des enfants.

Marie

Une fois, **mon fils a perdu sa dent** en jouant au foot. On ne l'a pas retrouvée. Alors, on a fabriqué une dent en mie de pain pour la petite souris.

Jessica

Différencier sa gauche et sa droite n'est pas toujours facile pour les jeunes enfants. Ils mettront souvent le pied gauche dans la chaussure droite et vice versa, sauf peut-être s'ils ont un·petit repère sympathique, comme un autocollant avec un drapeau rouge à droite et un drapeau vert à gauche, collé au fond des chaussures.

Lætitia

Lorsque je promène mon fils en poussette, je mets mon téléphone avec de la jolie musique sur haut-parleur. Un coup France Gall, un coup du classique, un coup les Beatles. La musique s'apprend tôt ! Et les balades en musiques sont un ravissement pour nous deux.

Jessica

Quand **on a dit non pour un chien**, non pour un chat, non pour un poisson, non pour un lapin... On a dit oui pour un dragon... Si on en trouve un, bien sûr !

Anne-Sophie

ÊTRE PARENT EN 60 POINTS

0 comme avant eux.

1 comme le premier enfant.

2 comme ses deux petites mains.

3 comme « je compte jusqu'à 3 ».

4 comme le nombre de fois où il se réveille la nuit les premiers temps.

5 comme le nombre de fruits et légumes qu'il faut manger pour BIEN GRANDIR.

6 comme l'âge où il rentre au CP.

7 comme l'âge de raison.

8 comme le nombre de fois où il se réveille la nuit parfois aussi !

9 comme sa façon de croire qu'un œuf s'écrit comme un neuf.

10 comme son premier âge à 2 chiffres.

11 comme l'âge du collège.

12 comme le nombre de mois avant d'avoir un an de plus.

13 comme le début de l'adolescence.

14 comme le nombre de fois où un parent peut répéter « range ta chambre ».

15 comme le nombre de fois où un parent peut répéter « va prendre ton bain ».

16 comme le nombre de jouets qu'il met dans son bain.

17 comme le nombre d'anniversaires auxquels il peut être invité en moyenne section.

18 comme l'âge de sa majorité.

19 comme le nombre (impair évidemment) de chaussettes qui résident dans son tiroir.

20 comme le nombre de dents de lait qui tomberont.

21 comme l'âge auquel il pourra jouer au casino à Las Vegas.

22 comme le nombre de minutes qu'il faudra parfois pour l'endormir le soir.

23 comme l'âge de son premier job.

24 comme l'âge de sa première déception sentimentale.

25 comme « ça y est, je suis un adulte, je gère ».

26 comme le nombre de lettres dans l'alphabet.

27 le nombre de souris disséquées en cours de bio.

28 comme le nombre de films Disney qu'il a vus.

29 comme la panique « je vais avoir 30 ans, je vais devoir enfin prendre un studio ».

30 comme le nombre de kilos qu'il pèse vers 9 ans.

31 comme le nombre de jours du mois de décembre, le mois le plus merveilleux pour des enfants.

32 comme le nombre de visites reçues à la maternité en 2 jours !

33 ans, son premier enfant, on devient grands-parents.

34 comme le nombre de minutes de retard qu'on a déjà pu avoir à la sortie de l'école (un jour où le RER A ne marchait pas).

35 comme sa pointure de chaussures vers 10 ans.

36 minutes, comme le temps de devoirs quotidien qu'il aura en CM1 (même si les devoirs, c'est IN-TER-DIT).

37 comme le moment où son pied dépasse presque le nôtre.

38 comme la taille de jean qu'on mettait avant lui.

39 comme le titre d'une super chanson de Queen.

40 comme le nombre de semaines de grossesse.

41 minutes de câlins par semaine.

42 comme le nombre de rides quand on sera grands-parents.

43 comme l'âge auquel les hommes deviennent réellement matures (d'après une étude menée par l'autrice du livre).

44 comme sa taille de pieds vers 20 ans (!).

45 minutes par cours pour apprendre à accoucher.

46 comme le nombre de fois où il est tombé, avant de savoir mettre ses petons l'un devant l'autre.

47 tétées en 1 semaine au début.

48 bisous dans le cou.

49 piles par an pour les jouets.

50 comme sa taille à la naissance en moyenne.

51 tétines perdues ici. Ou là.

52 semaines par an.

53 caprices.

54 comme la taille de mon numéro 3 à la naissance.

55 appels à sa mère par mois.

56 invités à ses 18 ans.

57 pantalons entre 0 et 15 ans.

58 pipis au lit.

59 doudous.

60 secondes par minute d'amour, 60 minutes par heure d'amour.

MES
ASTUCES

VOUS ET VOS ASTUCES

Au fil des pages, vous avez sans doute découvert des astuces que vous ne connaissiez pas.

Vous vous êtes peut-être dit « Ah pas bête » ou « Génial » ou encore « Je vais prendre cette astuce en photo pour plus tard ».

On espère que vous allez vous servir de ces petites astuces de mamans, de papas et en piocher certaines pour vous et vos enfants.

Tous les parents ont leurs petits « trucs », alors on vous laisse quelques pages blanches et nos thèmes pour que vous notiez toutes vos astuces !

Soigner les bobos

Se mettre à table (et y rester !)

Se mettre au lit (et y rester!)

Se faire du bien

Devenir autonome

Apprendre à apprendre

S'organiser

Les astuces inclassables

REMERCIEMENTS

Merci à Fiona Schmidt qui m'a mise sur la route de Lisa Grall et merci Lisa de ta confiance.

Direction : Catherine Saunier-Talec
Responsable éditoriale : Lisa Grall
Préparation de copie : Amélie Poggi
Correction d'épreuves : Odile Raoul
Mise en page : Nord Compo
Illustrations : Ève Grosset
Fabrication : Cécile Alexandre
Partenariats : Sophie Morier (smorier@hachette-livre.fr)
Responsable de la communication : Johanna Rodrigue (jrodrigue@hachette-livre.fr)

Dépôt légal : Janvier 2020
10-7221-2
ISBN : 978-2-01-945449-4
Imprimé en Espagne par Estella Graficas

L'éditeur utilise des papiers composés de fibres naturelles, renouvelables, recyclables et fabriquées à partir de bois issus de forêts qui adoptent un système d'aménagement durable. L'éditeur attend également de ses fournisseurs de papier qu'ils s'inscrivent dans une démarche de certification environnementale reconnue.

PAPIER À BASE DE FIBRES CERTIFIÉES

hachette s'engage pour l'environnement en réduisant l'empreinte carbone de ses livres. Celle de cet exemplaire est de :
1,469 kg éq. CO_2
Rendez-vous sur www.hachette-durable.fr